Drôle en tabar... ouette !

ŒUVRES DE GILLES LATULIPPE

Une p'tite vite (éd. de l'Homme, 1970)
Olivier (éd. Stanké, 1985)
Avec un sourire. Autobiographie
(éd. de l'Homme, 1997)
Balconville, P.Q. (Élæis, 1999)
Salut cocu! (Élæis, 1999)
La Sainte Paix (Élæis, 1999)
Vingt-cinq sketches, tome I (Élæis, 1999)
Vingt-cinq sketches, tome II (Élæis, 1999)
Drôle en diable (Élæis, 2000)
Drôle à mort (éd. TDV, 2001)
Drôle en cochon (éd. TDV, 2002)
Drôle comme un singe (éd. TDV, 2003)

Gilles Latulippe

Éditions Théâtre des Variétés, 2004.

© Éditions Théâtre des Variétés, 2004
Correction d'épreuves : Diane Baril
Mise en page : Cyclone Design Communications inc.

Tous droits de traduction, de reproduction
et d'adaptation réservés pour tous pays.

ISBN : 2-9807286-3-2
Dépôt légal : 3ᵉ trimestre 2002
Bibliothèque nationale du Québec
Bibliothèque nationale du Canada
Imprimé au Canada

Préface de Lise Dion

C'est pour moi un grand privilège d'écrire la préface du livre de monsieur Gilles Latulippe, parce que j'ai l'impression d'être encore une novice dans l'humour à côté d'un grand comique comme lui.

L'humour, je suis tombée dedans quand j'étais petite. Très jeune, je possédais ma carte de membre du Fan club du capitaine Bonhomme, ce qui me donnait l'opportunité d'assister aux émissions, dans les studios de Télé-Métropole. C'est à ce moment-là que j'ai vu monsieur Latulippe à l'œuvre la première fois, fascinée (sa seule présence provoque le rire). À partir de ce moment-là, je n'ai jamais cessé d'admirer son travail.

La première fois que j'ai eu la chance de jouer dans un sketch avec lui, c'était dans le cadre des Démons du midi. Vous dire le trac que j'ai ressenti... J'avais appris mon texte par cœur pour finalement réaliser qu'avec Gilles, c'est juste le punch qui est important. Pour le reste, on improvise !

J'ai beaucoup appris ! Maintenant, parlons de sa générosité... Un jour, monsieur Latulippe est venu voir mon spectacle ; lorsque je l'ai aperçu dans les premières rangées, j'étais tellement impressionnée ! J'ai eu le sentiment de perdre mon timing (rythme) devant lui qui en est le roi. Dans ma loge, à la fin du spectacle, avec son grand cœur, il me dit : « Mon dieu Lise ! quel sens du timing. »

Est-ce que je peux vous dire qu'un compliment comme celui-là, venant d'un homme comme lui, c'est très flatteur et très touchant.

En mon nom et en celui du public, merci Monsieur Latulippe pour tout ce que vous nous avez apporté et appris au cours de ces années. S'il vous plaît, continuez à nous faire rire.

Une vraie fan,

Lise Dion

Merci à mon bras droit Olivier Latulippe et à notre ami Serge Trudel.

G.L.

Avertissement.
L'auteur et l'éditeur sont tombés d'accord sur l'impérative nécessité de conserver au langage de toutes les histoires drôles leur forme populaire, sans laquelle elles perdraient fatalement leur âme et leur tonus.

HOMMAGE À SUZANNE LANGLOIS

Suzanne était une grande comédienne. Elle avait eu une formation de théâtre classique et fait des études en Europe. Dotée d'un physique de théâtre exceptionnel, Suzanne pouvait presque tout jouer. Le rôle de la belle-mère de Symphorien nous l'a fait connaître comme une femme bourrue, acariâtre et bavarde. Dans la vie privée, elle n'était ni bourrue ni acariâtre, mais elle était un vrai moulin à paroles. Un grand cœur et une conscience professionnelle rare. Une mémoire hors du commun.

Suzanne nous a quittés il y a quelque temps et depuis qu'elle n'est plus parmi nous, je me surprends, en voyant des rôles de bonnes-femmes, à me dire : «Suzanne aurait été extraordinaire dans ce rôle-là !» Elle était une grande comique, toujours dans le ton, toujours juste. Je pense souvent à elle et j'ai souvent souhaité qu'elle soit encore à mes côtés dans mes pièces.

Suzanne ne riait jamais en scène, elle gardait son sérieux même si tous les comédiens pouffaient de rire. Je ne l'ai vue rire qu'une seule fois, dans une scène avec Michel Noël... une seule fois, mais tout un fou rire : les deux étaient incapables de s'arrêter et on pensait même être obligés d'arrêter la pièce. Heureusement, ils se sont replacés et tout est rentré dans l'ordre.

Quand je pense aux grands comédiens que j'ai côtoyés, son nom me revient toujours à la mémoire. Merci Suzanne pour tous ces bons moments.

*L'humour est à la vie
ce que les pare-chocs
sont à l'automobile.*

Un couple d'amis était voisin. Un jour, la femme revient chez elle plus tôt que prévu et trouve son mari couché avec la voisine. Elle appelle son voisin, lui dit qu'elle doit le rencontrer, que c'est très important. Il lui donne rendez-vous et elle lui explique qu'elle a trouvé son mari couché avec sa femme. Elle lui dit :

— On ne peut pas faire rire de nous autres comme ça, il faut se venger en faisant comme eux autres.

Les deux partent pour le motel le plus proche et commencent à savourer leur vengeance. Après le premier assaut et quelques instants de repos, elle lui dit :

— J'arrive pas à me déchoquer, c'est écœurant ce qu'ils ont fait, ils méritent qu'on se venge encore.

Et ils recommencent de plus belle. Après la troisième fois, elle lui dit :

— J'ai encore ça sur le cœur.

Il lui répond :

— Écoute, toi fais ce que tu veux mais moi j'ai plus de rancune !

Un autobus de femmes est impliqué dans un grave accident et elles meurent toutes. Les 45 femmes se présentent au ciel. Saint Pierre leur dit :

— Que toutes celles qui ont trompé leur mari s'installent à droite.

Quarante-quatre se déplacent et une seule reste assise. Saint Pierre se tourne vers le bon Dieu et demande :

— Qu'est-ce qu'on fait avec la sourde ?

J'ai suivi une diète. La première semaine, j'ai perdu 10 livres, la deuxième semaine, j'ai perdu 5 livres puis la troisième semaine, j'ai perdu mes culottes !

Le gars va voir son denturologiste. Celui-ci lui demande :

— Puis, comment aimez-vous les dentiers que je vous ai faits il y a deux semaines ?

— Je vais vous expliquer. En fin de semaine, j'ai été à la chasse à l'ours. J'installe mon bon gros piège, je l'attache avec une chaîne puis j'attache la chaîne après mon ski-doo. Mon garçon s'installe sur le ski-doo et je lui dis : « Dès que t'entends le piège se refermer, pars avec le ski-doo. » On attend une heure, deux heures. Au bout de trois heures et demie, je commence à penser que mon piège est mal installé. Je m'approche tranquillement, les pieds me partent, j'tombe assis dans le piège à ours puis j'suis pogné dans le piège par les testicules. Au même moment, mon garçon qui avait entendu le piège se refermer, part le ski-doo. Il me traîne par les testicules jusqu'au camp à travers les souches, les roches et les branches. Il m'a donné toute une ride.

Le denturologiste lui dit :

— Je comprends votre aventure, mais qu'est-ce que ça a à voir avec les dentiers que je vous ai faits ?

— Je vais vous dire : quand c'est arrivé, c'est la seule fois où vos enfants de chienne de dentiers ne m'ont pas fait mal !

Le gars à la confesse :

— Mon père, je m'accuse d'avoir triché ma femme.

Le curé lui demande :

— C'est une habitude que vous avez ?

— Non, non, c'est une chance que j'ai eue !

Deux femmes parlent ensemble. La première dit :
— J'ai laissé mon amant parce qu'il était trop lent.
— Trop lent pour te satisfaire ?
— Non, trop lent parce qu'il n'avait jamais le temps de se cacher quand mon mari arrivait.

— Je suis très content depuis l'avènement du système métrique.
— Pourquoi ?
— Avant, ma femme me disait que je faisais l'amour comme un pied ; maintenant, je fais l'amour comme un maître.

Un jeune couple, pour épargner, ne fait pas de voyage de noce. Le soir, ils vont s'installer chez les parents de la mariée. Le lendemain matin, le petit frère de la mariée, qui a sept ans, demande à sa mère avant de partir pour l'école :

— Maman, est-ce que ma sœur et son mari sont sortis de la chambre?

La mère répond:

— Ne pose pas de questions et va à l'école.

À l'heure du midi, il lui repose exactement la même question. La mère ne répond même pas. À quatre heures, il repose la même question. La mère répond:

— Non, ils ne sont pas sortis, pourquoi est-ce que tu veux savoir ça?

— C'est parce qu'hier soir, j'ai entendu ma sœur dire à son mari d'aller chercher la vaseline dans la salle de bain. Il s'est trompé puis il a pris ma colle à avions.

Une vieille fille appelle:

— Allô, est-ce que je suis au département des incendies?

— Oui, qu'est-ce qu'on peut faire pour vous?

— Il y a un homme qui essaie de monter dans ma chambre par la fenêtre.

— C'est pas les pompiers que vous devez appeler, c'est la police!

— Non, c'est vous autres que je veux: je reste au deuxième étage puis son échelle est trop courte!

Trois petits vieux assis sur un banc de parc discutent. Le premier dit :

— Ah ! vieillir c'est pas drôle. Moi je tremble assez qu'à matin en me rasant, je me suis coupé la face tellement que j'avais l'air d'une forçure, pis j'haïs ça.

Le deuxième p'tit vieux dit :

— J'te comprends, moi aussi, mes mains tremblent tellement qu'hier, je travaillais dans mon jardin, je trimais mes fleurs puis je leur ai fait partir la tête, pis j'haïs ça.

Le troisième p'tit vieux dit en riant :

— Moi je tremble tellement qu'à matin, je suis allé pour faire pipi puis j'suis venu trois fois, pis j'haïs pas ça !

— C'est effrayant si j'ai des problèmes avec ma mémoire. Hier soir, je savais que je voulais faire quelque chose ce soir-là. J'ai dit : «Je ne me coucherai pas tant que je ne l'aurai pas trouvé !»

— Hé puis ?

— Je l'ai trouvé vers quatre heures du matin.

— Qu'est-ce que c'était ?

— Je voulais me coucher de bonne heure.

Le petit-fils demande à son grand-père :
— Faites-vous encore l'amour ?
— Oui, à chaque fois que mon fils vient en ville.
— Comment ça ?
— C'est lui qui m'embarque et qui me débarque.

Pourquoi c'est formidable d'être un homme ?
— Les conversations téléphoniques ne durent jamais plus que 30 secondes.
— Une semaine de vacances ne nécessite qu'une seule valise.
— Vous pouvez aller à la salle de bain sans être accompagné.
— Vous n'avez pas à vous raser plus bas que le cou.
— Vos sous-vêtements coûtent 8 $ pour un paquet de 3.
— Vous ne fouillez pas dans le dessert des autres.
— Trois paires de chaussures vous suffisent.
— Même travail, plus d'argent.

Sans doute la plus vieille histoire d'amour :
— Chéri, si c'est ton genou, tourne-toi ; si c'est pas ton genou, je vais me tourner...

Quel point commun y a-t-il entre un camion et une échelle ?
— Passer dessous porte malheur.

Si l'alcool est responsable de 15 % des accidents de la route, cela signifie que 85 % des accidents sont provoqués par des buveurs d'eau.

À quoi reconnaît-on un gay dans un camp de nudistes ?
C'est celui qui a des mouches à merde autour de la quéquette.

Une petite fille se promène sur une plage de nudistes, elle voit un monsieur en train de se faire bronzer sur le dos. Elle s'approche et lui demande, en désignant son sexe :

— Monsieur, c'est quoi ça ?

L'homme à moitié endormi lui répond :

— C'est rien, c'est mon petit canard.

Le bonhomme se rendort aussitôt. Quinze minutes plus tard, il se réveille en hurlant de douleur. Il crie :

— Qu'est-ce qui se passe... Tu es encore là toi, qu'est-ce que tu as fait ?

La petite fille lui répond :

— C'est ton canard, je le caressais ; il m'a craché dessus, bien je l'ai mordu puis j'ai cassé ses œufs !

Il faut dire :

Quand il dîne, sa panse durcit.

et non :

Quand il danse, sa pine durcit.

Il faut dire :

En Louisiane, la coutume veut que tous les élus présentent publiquement leurs vœux aux Cajuns.

et non :

En Louisiane, la coutume veut que tous les élus présentent publiquement leur queue aux vagins.

Il faut dire :

C'est la puissance qui la fait jouer.

et non :

C'est la jouissance qui la fait puer.

Il faut dire :

Quand elle se mouche, elle tousse.

et non :

Quand elle se touche, elle mousse.

Il faut dire :
Je me suis fait chasser par un sumo.
et non :
Je me suis fait sucer par un chameau.

— Mon frère est resté quatre heures et quart sous l'eau.
— C'est un vrai champion, j'aimerais ça le rencontrer.
— Viens demain, on l'enterre à 10 heures.

— Tu connais mon patron, le prétentieux qui se prenait pour le bon Dieu, bien il est mort.
— Ah oui, comment c'est arrivé ?
— Il s'est fait frapper par un bateau en prenant sa marche.

Faire l'amour avec sa femme après 25 ans de mariage, c'est comme se gratter quand ça pique pas.

À la confesse, un monsieur s'accuse :
— Mon père, je m'accuse d'avoir volé du bois.
— Ah bon, qu'est-ce que vous avez fait avec ça ?
— Bien, j'ai réparé mon escalier, j'ai fait une rallonge pour la cuisine puis j'ai fait une cabane pour mon chien.
Le curé lui dit :
— Pour votre pénitence, vous me ferez un chemin de croix.
Le gars répond :
— Oh boy, j'sais pas si y va me rester assez de bois !

— J'ai perdu ma montre.
— Ah oui, comment s'est arrivé ?
— Je marchais puis elle s'est arrêtée !

— Ma belle-mère m'a dit: «Je ne reviendrai pas ici tant que vous aurez des souris!»
— Qu'est-ce que tu as fait?
— J'ai tué le chat!

Mon gros chien, un saint-bernard, a avalé la télé-commande pour la télévision. Maintenant pour pogner Radio-Canada, j'y tire sur la queue, pour pogner TVA, j'y tire une oreille. Tu devrais voir ce que je suis obligé de lui faire pour pogner TQS!

Il faut dire:
La puce est bien nourrie.
et non:
L'anus est bien pourri.

Deux amis parlent ensemble. Le premier à l'autre :

— Hier, ma femme a fait une indigestion. Je suis sûr que c'est une indigestion de pomme, j'ai trouvé un cœur de pomme en dessous du lit.

L'autre lui dit :

— C'est rien ça, ma femme aussi a fait une indigestion. Une indigestion de taxi !

— Ah oui ?

— Oui, j'ai trouvé le chauffeur en dessous du lit !

La femme consulte le médecin parce que son mari ronfle. Le médecin lui conseille :

— Quand votre mari ronfle, écartez-lui les jambes.

Un peu plus tard, dans le milieu de la nuit, la femme se réveille. Son mari n'est pas à côté d'elle. Elle se lève, cherche son mari et le trouve dans la chambre de la bonne, dans une position compromettante... elle lui demande :

— Qu'est-ce que tu fais là ?

— Elle ronflait !

Un chasseur pas trop brillant arrive tout énervé chez le médecin :

— Docteur, j'étais à la chasse avec mon chum et un moment donné, je l'ai pris pour un chevreuil et je l'ai tiré. Venez le voir, il est dans mon auto. J'espère que vous allez pouvoir faire quelque chose pour lui.

Le docteur sort, va à l'auto, examine le gars, revient voir le chasseur et lui dit :

— Il n'y a rien à faire, il est mort.

L'autre se met à gémir :

— Je n'en reviens pas, je l'ai tiré et je l'ai tué.

Le docteur lui dit :

— Ce n'est pas la balle qui l'a tué, c'est quand vous l'avez vidé !

Lors d'un voyage de chasse, deux chasseurs un peu niaiseux reviennent à l'avion avec chacun un orignal. Le pilote leur dit :

— Ce n'est pas possible, vous ne pouvez pas rapporter ces deux bêtes-là, c'est trop pesant, l'avion va s'écraser.

Un des deux chasseurs lui répond :

— Voyons donc, on en a apporté deux comme ça l'année dernière. Pourquoi est-ce qu'on ne pourrait pas cette année?

Le pilote convaincu par ces arguments accepte. On charge les deux orignaux et on part. Dix minutes plus tard, l'avion s'écrase. Un des deux chasseurs dit:

— C'est fort, on s'est écrasés à la même place que l'année dernière!

Le gars revient d'un voyage de pêche. Sa femme lui demande comment ça s'est passé.

— Ça a été un voyage formidable. Le camp était confortable, la nourriture formidable, le poisson mordait sans arrêt. Ça a été un très beau voyage. Y a rien qu'une chose: comment ça se fait que tu n'as pas paqueté mon pyjama?

Elle lui dit:

— T'es rien qu'un maudit menteur; la preuve, c'est que ton pyjama, je l'avais mis dans ton coffre à pêche!

Ma femme parle souvent toute seul; elle ne le sait pas, elle pense que je l'écoute.

— Tu sais qu'Alphonse vient de se remarier, il a trouvé vraiment une femme pour lui.
— Ah oui, comment ça ?
— Tu sais comment il aime la pêche, elle a des vers !

Au bord du lac, il y a un garçon qui vend des morceaux de miroir pour la pêche. Un homme, intrigué, s'arrête et lui demande :
— T'es sûr que c'est bon pour la pêche ?
Le garçon dit :
— Oui, le morceau de miroir, ça reflète dans l'eau puis ça attire le poisson ; ça marche, moi je m'en sers tout le temps.
L'homme donne au garçon le 10 $ qu'il lui demandait et avant de partir, il lui demande :
— Combien en as-tu pognés de poissons ?
— Vous êtes le septième !

Dans l'armée, il y a deux cadets qui se sont enrôlés pour avoir de l'action, mais il n'y en a pas. À part l'entraînement, il ne se passe jamais rien et ils s'ennuient. Un soir, ils sortent tous les deux puis ils reviennent très tard. Ils ont fait la tournée des clubs puis ils sont paquetés. En rentrant à la caserne, devant la porte, il y a un immense canon. Il y en a un qui dit à l'autre :

— C'est plate, si on tirait un coup de canon.

— T'es fou, il est 3 heures du matin, tout le monde dort.

— On tirera pas fort… puis pour être sûr que ça sera pas dangereux, mets-toi devant le canon, quand le boulet va sortir, pogne-le. Après on va le remettre dans le canon puis personne ne va s'apercevoir de rien.

Le gars s'installe devant le canon, prêt à recevoir le boulet. L'autre tire. Un boum spectaculaire retentit qui réveille le général. Celui-ce s'amène, enragé, et demande au soldat qui est à côté du canon :

— Qu'est-ce qui se passe ?

— J'attends mon chum.

— Où est-ce qu'il est ?

— S'il revient aussi vite qu'il est parti, il sera pas parti longtemps !

Le gars dit à son ami :
— Regarde la belle trompette que j'ai achetée. C'est une trompette spéciale, une trompette qui dit l'heure.
— Comment, elle dit l'heure ?
— Bien oui, quand je joue la nuit, il y a toujours quelqu'un qui me crie : « Veux-tu arrêter, tu vois pas qu'il est 3 heures du matin ! »

La belle fille arrive chez un tatoueur. Elle dit qu'elle veut se faire tatouer un chien sur la cuisse. Le gars la regarde et lui dit :
— Vous savez que cette semaine, on a un spécial sur les girafes.

Il faut dire :
Le vétérinaire a reconnu la laisse de son chien.
et non :
Le vétérinaire a recollé l'anus de son chien.

Il faut dire :

> *Le paysan regarde pousser les épis.*

et non :

> *Le paysan regarde pisser les époux.*

Pourquoi est-ce que les Françaises ont des petits seins et des gros mamelons ?

Parce que les Français ont des petites mains et des grandes gueules.

La différence entre l'extase et l'inquiétude ?

28 jours.

Un juge rencontre une jolie jeune fille et, un soir que sa femme fait une partie de cartes à la maison, il décide que c'est le moment idéal pour sortir avec sa nouvelle conquête. Ayant bu un peu trop, à un moment le juge est malade et vomit, salissant un peu son veston. En rentrant chez lui, il se déshabille dans le noir, pour ne pas réveiller sa femme, met son linge sur une chaise à côté du lit et commence à cuver son vin. Sa femme se réveille le lendemain matin, le pousse et lui dit :

— Ça sent bien fort dans la chambre, qu'est-ce qui s'est passé ?

Malgré qu'il soit encore endormi, le juge se souvient de ce qui s'est passé la veille, pense vite et dit à sa femme :

— Figure-toi donc qu'hier soir, en allant acheter mes journaux, j'ai rencontré un vieil ivrogne que j'avais déjà fait condamner. Il était encore paqueté et figure-toi donc qu'il a vomi sur moi. J'étais en maudit, je l'ai fait arrêter et il passe en cour devant moi ce matin ; je ne le manquerai pas.

Quelques heures plus tard, la femme appelle son mari au téléphone à son bureau. Elle lui demande :

— Ton ivrogne, celui qui a vomi sur ton veston, est-ce qu'il est passé devant toi ce matin ?

Le juge répond :

— Non, pas encore.

— Quand il passera devant toi, manque-le pas, en plus il a fait caca dans tes shorts !

Le directeur d'une usine raconte pendant un dîner d'affaires :

— Moi j'ai la crème des employés, ils donnent toujours leur 35 % !

Sur le mur, dans une usine où travaillent beaucoup de femmes :

« Mesdemoiselles, si votre chandail est trop grand, attention aux machines. S'il est trop petit, faites attention aux machinistes. »

À trois heures du matin, une vieille fille est assise sur un parcomètre. Un policier s'approche d'elle.

— Qu'est-ce que tu fais là ?

— J'attends la violation.

La petite crevette est triste, sa mère est partie dans un coquetel.

Le code postal d'un play-boy que je connais :
G23 MTS

Avant l'amour, pour donner le grand frisson à son mari, ma belle-mère met ses condoms dans le congélateur....

— Sais-tu pourquoi on distribue gratuitement des condoms dans les écoles ?
— Pour empêcher les étudiants de couler.

— Fais-tu de l'exercice en prenant ton bain?
— Rien que si je pile sur le savon.

Depuis que je lui ai dit qu'elle avait un beau profil, elle marche de côté!

La vieille va voir son dentiste deux fois par année, une fois pour chaque dent.

La poule est le seul animal qu'on peut manger avant sa naissance puis après sa mort.

Le gars va acheter un manteau de fourrure. Le vendeur lui demande :

— Voulez-vous quelque chose de cher ou est-ce que c'est pour votre femme ?

Il faut dire :

En période de famine, les anciens cachaient leurs mortes.

et non :

En période de famine, les anciens mâchaient leurs crottes.

Un soir, j'étais à table en train de souper avec Kasparov, le champion d'échecs. Sur la table, il y avait une nappe à carreaux. Je lui ai demandé le sel. Ça lui a pris deux heures avant de me le passer !

Mon frère voulait devenir un chanteur. Mon père lui a conseillé de chanter dans la douche. Ça l'a aidé beaucoup. Par contre, ça a été le contraire pour mon autre frère qui voulait devenir électricien.

Ma sœur sort avec un médecin. Chaque fois qu'elle reçoit une lettre de son chum, elle est obligée d'aller à la pharmacie pour la faire lire.

Comment appelle-t-on un homme dans la soixantaine?
>Un sexagénaire.
Comment appelle-t-on un homme dans la cinquantaine?
>Un quinquagénaire.
Comment appelle-t-on un bébé de quelques mois?
>Un cacagénaire.

La femme a décidé de renvoyer la bonne. La bonne lui dit :

— Avant de partir Madame, laissez-moi vous dire que je fais mieux la cuisine que vous ; c'est votre mari qui me l'a dit. Puis ce n'est pas tout : comme ménagère, je suis 100 fois meilleure que vous ; c'est votre mari qui me l'a dit. Puis à part de ça, au lit je suis 1 000 fois meilleure que vous.

La femme répond :

— C'est mon mari qui vous a dit ça ?

— Non Madame, c'est le chauffeur !

La fille du fermier répond à la porte et, avant que le visiteur ait pu dire un mot, elle lui dit :

— Vous venez pour le bœuf ? papa demande 50 $. C'est garanti, le bœuf a tous ses papiers, il est de race.

— Mademoiselle, je voudrais voir votre père.

— Si c'est trop cher pour votre vache, on a un autre bœuf à 35 $. Il est de race, mais il n'a pas de papiers puis c'est garanti.

L'homme insiste :

— Je veux voir votre père.

— Si c'est encore trop cher, on a encore un autre bœuf à 10 $ mais il n'est pas de race puis ce n'est pas garanti.

— Écoutez mademoiselle, je ne suis pas ici pour emprunter un bœuf, je veux parler à votre père à propos de votre frère Victor. Il est sorti avec ma fille puis elle est enceinte.

— Vous avez raison, vous êtes mieux de voir papa, je ne sais pas combien il charge pour Victor.

Un homme entre chez un marchand de fourrures un vendredi soir. Il est accompagné d'une très jolie fille. Il marchande les manteaux de vison et décide d'acheter le plus cher du magasin.

— Mademoiselle va essayer le manteau pour les retouches puis moi, je vais vous faire un chèque.

Le marchand lui dit :

— J'ai confiance en vous, mais je ne peux pas vérifier le chèque ce soir. Dès lundi matin, je fais vérifier le chèque ; les retouches seront faites pendant l'avant-midi et votre manteau, Mademoiselle, sera prêt pour 5 heures lundi.

Le lundi matin, le vendeur apprend que le chèque est sans provision ; pourtant, le client revient seul vers 5 heures.

— Vous venez prendre le manteau, mais votre chèque a pas de fonds.

L'homme répond :

— Je sais, je ne viens pas chercher le manteau, je viens tout simplement vous remercier pour la belle fin de semaine que vous m'avez fait passer.

Dans un bar, une prostituée s'adresse à un petit vieux. Elle lui dit :
— Moi, mon prix, c'est 100 $ pour une shot ou 250 $ pour la nuit.
Le vieux répond :
— Je ne vois pas la différence.

Un homme rend visite au médecin ; il désire une vasectomie. Le médecin le trouve jeune à 42 ans pour penser à la vasectomie.
— Vous êtes bien décidé ?
— Moi, je ne suis pas pour ça, mais j'en ai parlé à ma femme et aux enfants et on a laissé voter les enfants.
— Et ils ont voté en faveur de la vasectomie ?
— Oui, 16 contre 5 !

Pédicure :   Homme qui s'occupe de vos oignons.
Ventriloque :   Spécialiste des mots d'estomac.

C'est toujours dans les pays où il n'y a rien à voler qu'il y a le plus de voleurs.

Un des derniers privilèges des hommes, c'est que nous n'avons pas besoin d'être beaux pour séduire.

Les chômeurs doivent se sacrifier afin que ceux qui ont du travail ne le perdent pas.

Un scaphandrier est en train de faire de la plongée. Soudain, il reçoit un message du bateau. On lui dit :
— Monte vite, le bateau coule !

Comment appelle-t-on les soupes qui se font toutes seules?

Soupes automates.

La maîtresse demande à un élève:

— Nommez-moi quatre prénoms qui commencent par «R»

— Robert, Raymond, Richard et Réal.

Elle demande à un élève haïtien quatre noms qui commencent par «W»

— Wobert, Wémond, Wichard et Wéal.

Qu'est-ce que fait un play-boy quand on lui demande de porter un condom?

Il capote.

Il faut dire:

Sergent, votre képi répand une odeur de piquette.

et non:

Sergent, votre quéquette répand une odeur de pipi.

— J'ai été à la pêche avec ma blonde en fin de semaine.
— As-tu attrapé quelque chose?
— J'espère que non!

Le soir de son mariage, un mari demande à sa femme: «Combien as-tu eu d'hommes avant moi?» Il y a eu un silence de mort. Au bout d'un certain temps, il dit à sa femme:

— J'aurais pas dû te poser cette question-là, es-tu fâchée?

Elle a répondu:

— Bien non, je compte!

Une bière rencontre une autre bière:
— Est-ce que tu viens d'une grosse famille toi?
— Ah oui, une famille de 24.
— Ah bon, chez moi, on était 12!

Savez-vous ce que craint le plus une vieille bûche?
Être placée dans un foyer.

Quelle est la différence entre un homme et du gazon?
Aucune: dans les deux cas, ça n'arrive qu'à la cheville de la femme.

Quelle est la différence entre un homme et un réfrigérateur?
Dans un réfrigérateur, il y a une petite lumière.

Quelle est la différence entre une bicyclette 10 vitesses et le club de hockey Canadien?

Aucune, les deux ont passé l'hiver dans la cave.

Quelle est la différence entre un roi et un taureau?

Le taureau entre dans l'arène la queue baissée et le roi entre dans la reine la queue en l'air.

Un couple de nouveaux mariés est invité à souper. Le mari rentre en retard du bureau et il trouve sa femme déjà prête et très jolie dans une robe très sexy. Le gars propose de lui faire l'amour. Elle lui dit:

— Tu n'y penses pas, je suis déjà maquillée et tout…

Le gars insiste. Sa femme finit par accepter:

— D'accord, mais on va faire ça vite. Qu'est-ce que tu veux que j'enlève: mes gants, ma gomme ou mes petites culottes?

On juge une affaire de viol en cour. On interroge le premier témoin :

— Qu'est-ce que vous avez vu ?

— J'ai tout vu.

— Précisez à la cour de quel endroit vous avez tout vu.

— Je regardais par la fenêtre.

L'avocat s'étonne.

— Le viol a eu lieu dans la chambre de la victime qui est au deuxième étage.

— J'étais monté dans une échelle et j'ai vu le gars. Il a enfoncé la porte de la demoiselle, elle a crié mais lui, il a étouffé ses cris avec sa main puis il l'a renversée sur le lit...

— Ensuite !

— Ensuite il a déchiré sa robe...

— Ensuite !

— Ensuite il s'est couché sur elle, a déchiré sa blouse...

— Ensuite !

— Ensuite il a arraché son soutien-gorge...

— Ensuite !

— Ensuite, je me suis cassé la gueule.

— Comment ça ?

— On était 12 dans l'échelle !

Annonce entendue à la radio :

L'Union des sourds a perdu son bienheureux président qui est décédé hier soir. On demande à tous les sourds-muets d'observer une minute de silence.

Dans un centre d'achats, un gars suit une fille depuis un bon moment. Finalement, il s'approche d'elle et lui dit :

— Excusez-moi Mademoiselle, je remarque que vous avez une plume sur l'épaule.

La fille lui répond :

— Ça ne me surprend pas, il y a une maudite dinde qui me suit depuis tout à l'heure...

Il faut dire :

Le disquaire avait une petite baisse entre les deux fêtes.

et non :

Le disquaire avait une petite bête entre les deux fesses.

Une femme dit à son amie :
— Ça fait trois semaines que mon mari souffre d'insomnie. J'ai hâte qu'il guérisse !
— Pourquoi ?
— Parce que pendant ce temps-là, je suis pas capable de fouiller dans ses poches.

Quelle est la vitesse de la lumière ?
Environ 30 secondes pour la verte, 10 secondes pour la jaune et 30 pour la rouge.

Harcèlement sexuel ou non ?
Ma sœur ne se souvient pas si son patron lui a dit qu'il avait :
le plus gros bout du bat ou le plus gros bat du bout.

Le premier jour de l'école, le professeur demande au petit garçon :

— Quel est ton nom ?

— Ai oublié.

Le professeur reprend :

— Comment ?

— Ai oublié.

— Viens pas me dire que tu ne te rappelles pas de ton nom.

Là le petit garçon se force pour bien articuler :

— Léo Blier.

Le téléphone sonne :

— Bonjour, Monsieur, nous effectuons un sondage pour une compagnie qui a une vaste gamme de produits. Nous aimerions savoir ce que vous mettez après vous être rasé ?

Le gars répond :

— Ma chemise !

Une jolie dame à la confesse:

— Mon Père, je m'accuse de ne pas porter de petite culotte.

— Bien mon enfant, en portez-vous présentement?

— Non.

— Pour votre pénitence, en sortant, vous me ferez trois culbutes!

Combien y a-t-il de sucre dans le corps d'un homme?

Je ne le sais pas, c'est pas écrit sur la poche.

Comment appelle-t-on celui qui tue son père?

Un parricide.

Comment appelle-t-on celui qui tue son frère?

Un fratricide.

Comment appelle-t-on celui qui tue son beau-frère?

Un insecticide, il tue les poux de sa sœur.

Une petite fille se précipite vers son père :

— Papa, papa, Marcel veut mettre sa main où je fais pipi.

— Dis-lui que s'il met sa main où tu fais pipi, moi je vais lui mettre mon pied où il fait caca !

Une femme porte une jupe tellement étroite qu'elle l'empêche de monter dans l'autobus. Elle décide de descendre la fermeture éclair située à l'arrière de la jupe pour se donner un peu de jeu, mais c'est encore trop serré. Elle descend sa fermeture une nouvelle fois, sans succès : la jupe est toujours trop serrée pour lui permettre de monter dans l'autobus. Après un dernier essai sans plus de résultat, l'homme qui est derrière elle la soulève par les fesses pour la faire monter. Elle se retourne et lui dit :

— Espèce d'effronté, pour qui vous prenez-vous ?

— Écoutez, ça fait trois fois que vous baissez mon zipper, je pensais qu'on était chums !

— Docteur, docteur, mon fils vient d'avaler 50 aspirines, qu'est-ce que je vais faire ?

— Donnez-lui mal à la tête !

Un joueur compulsif dépensait toujours sa dernière cenne au casino de Montréal. Un jour il a emprunté 25 cennes pour aller dans une toilette payante. Quand il arrive à la toilette des hommes, il trouve une toilette débarrée. Il venait de sauver son 25 cennes ; quelques instants plus tard, il le joue, gagne le jack pot et sort de là millionnaire. Depuis ce temps-là. Il n'arrête pas de raconter son histoire partout en déclarant que, si jamais il trouvait son bienfaiteur, il partagerait sa fortune avec lui. Un jour qu'il racontait son histoire pour la millième fois, un homme s'approche et lui dit :

— C'est moi qui vous ai donné le 25 cennes pour la toilette.

Le joueur lui a dit :

— C'est pas vous que je cherche, c'est le gars qui a laissé la porte débarrée.

Le gars rêvait de se marier avec une femme qui serait une dame au salon, une économe dans la cuisine et une sexy dans la chambre à coucher.

Malheureusement, il s'est trompé. Il a marié une femme sexy au salon, dame dans la cuisine et économe dans la chambre à coucher.

Il faut dire :
Elle s'est cassé les reins en sautant.
et non :
Elle s'est cassé les seins en rotant.

Un couple, après avoir eu huit filles, a enfin la joie d'avoir un garçon. En arrivant au bureau le lendemain, on demande à l'heureux papa :
— Le petit, il ressemble à qui ?
— Je ne sais pas, on ne lui a pas encore regardé le visage !

C'est l'histoire de quatre individus : Chacun, Quelqu'un, Quiconque et Personne. Un travail important devait être fait et on avait demandé à Chacun de s'en occuper. Chacun était assuré que Quelqu'un allait le faire. Quiconque aurait pu s'en occuper mais Personne ne l'a fait. Quelqu'un s'est emporté parce qu'il considérait que ce travail était la responsabilité de Chacun. Chacun croyait que Quiconque pouvait le faire, mais Personne ne s'était rendu compte que Chacun ne le ferait pas. À la fin, Chacun blâmait Quelqu'un du fait que Personne n'avait fait ce que Quiconque aurait dû faire.

Comment satisfaire une femme :

Caresser, faire des éloges, dorloter, avoir de l'humour, implorer, choyer, protéger, téléphoner, pardonner, se sacrifier, supplier, divertir, charmer, ramper, fasciner, complimenter, se parfumer, câliner, être sensible, admettre, récompenser, écouter, embrasser, offrir des cadeaux, aimer danser, respecter, rêver d'elle, promettre, délivrer, se confier, s'engager, désirer, murmurer, se blottir, gratifier...

Comment satisfaire un homme :

Se mettre toute nue.

Au zoo, des animaux discutent des prochaines vacances. On demande à la girafe :

— Où vas-tu aller en vacances ?

La girafe répond :

— J'ai un grand cou, ma femme à un grand cou, mes enfants ont des grands cous et comme on n'aime pas se faire remarquer, on va aller en Afrique où il y a d'autres girafes.

On demande au crocodile :

— Toi, où vas-tu aller ?

Le crocodile répond :

— Moi, j'ai une grande gueule, ma femme a une grande gueule, mes enfants ont une grande gueule puis, comme on n'aime pas se faire remarquer, on va aller en France !

La différence entre les cuisses d'une femme et les cuisses d'un homme ?

Entre les cuisses d'un homme, c'est toujours la même paire de couilles.

Pourquoi est-ce que les vieilles filles sont toujours constipées ?

Parce qu'elles n'ont pas de mari pour les faire chier !

Deux lapins jouent aux cartes. Un des deux dépose son jeu sur la table et demande à l'autre :

Qui c'est qui a mangé tous les trèfles ?

Le nouveau soutien-gorge : il maintient les forts, soutient les faibles et ramène les égarés.

Il faut dire :

Avez-vous déjà vu des bichons noirs ?
et non :
Avez-vous déjà vu des nichons boire ?

Lors d'une enquête, on a découvert que 1 % des hommes préférait les cuisses de femme minces, 1 % les préférait grosses et 98 % préférait quelque chose entre les deux.

Sainte Madeleine demande à saint Pierre la permission de faire une visite sur la terre. Saint Pierre lui accorde la permission à la condition qu'elle lui téléphone tous les soirs pour connaître son emploi du temps. Sainte Madeleine accepte et part. Le premier soir, saint Pierre reçoit un téléphone :

— Allô saint Pierre, c'est sainte Madeleine, je suis à Jonquière dans un presbytère et j'ai fait mes prières.

Le deuxième soir, elle téléphone et dit :

— Allô saint Pierre, c'est Madeleine, je suis à Québec dans une discothèque puis j'ai reçu des p'tits becs.

Le troisième soir le téléphone sonne, saint Pierre répond :

— Allô Peter, c'est Mado, j'suis à Honolulu, toute nue, j'me suis fait pogner le cul, attends-moi pu, je r'viens pu !

Mon cousin Jean-Yves ne pourra jamais conduire d'auto.

Pourquoi?

On lui a dit que c'était défendu, les Jean-Yves (gens ivres) au volant!

Quelle est la différence entre le pape et toi?

Le pape est fou du Christ puis toi t'es un christ de fou.

Qu'est-ce qui est vert, a deux jambes puis une valise?

Un touriste qui a le mal de mer.

— As-tu entendu l'histoire du chauffeur d'autobus?
— Non.
— Moi non plus, j'étais assis en arrière!

Le petit gars demande à son père :
— L'Italie, c'est-tu bien loin ?
Le père répond :
— Ça ne doit pas ; l'année passée, je travaillais avec un Italien puis il allait coucher chez lui tous les soirs.

À l'Armée du Salut, une femme est en train de prêcher : « Mes frères, il faut se convertir. On ne sait pas de quoi demain sera fait. Je peux vous citer mon exemple : je vis dans l'incertitude ; aujourd'hui, je suis dans les bras de mon époux, demain je serai peut-être dans les bras de Seigneur. » Il y a un gars qui lui demande :
— Êtes-vous libre après-demain ?

Deux amis se rencontrent, l'un demande à l'autre :
— Restes-tu toujours à la même place ?
— Non, des fois je sors.

Mon voisin a placé des condoms sur ses poteaux de clôture parce qu'il ne voulait pas d'enfants dans sa cour.

Deux amis se rencontrent, le premier dit à l'autre :
— Puis, es-tu toujours célibataire ?
— Oui, je ne suis pas capable de me faire de blonde.
— Comment ça ?
— Je vais t'expliquer. Je travaille pour un cirque, c'est moi qui nettoie les cages. Je passe ma journée dans le fumier. J'viens que je pue assez qu'il n'y a pas une femme qui veut sortir avec moi.
— J'ai remarqué que tu sentais le diable. Pourquoi est-ce que tu ne lâches pas ça c'te maudite job-là ?
— Hein, lâcher le show-business !

Première femme :
— Regarde, là-bas, mon mari puis mon amant.
Deuxième femme :
— C'est drôle, j'allais dire la même chose.

L'oncle à son neveu :
— Si t'es capable de faire l'amour à une femme aussi longtemps que ça prend pour faire cuire un poulet, t'es un vrai homme.
Le neveu répond :
— Pas de problème, j'ai un four à micro-ondes.

La belle-mère a tellement pas la tête forte qu'elle mélange son Perrier avec de l'eau.

Après une crise du cœur, le patient demande au docteur ;
— Est-ce que je vais continuer à pouvoir faire l'amour ?
— Oui, mais juste avec votre femme ; il ne faut pas vous énerver trop.

Annonce :

Bulldog à vendre, mange n'importe quoi, aime beaucoup les enfants.

Pour les femmes, il existe une nouvelle crème pour la peau. Avec ça, elles ont l'air d'une adolescente. Ça donne de l'acné.

Les femmes :

Entre 15 et 20 ans, elles sont comme l'Afrique, à moitié vierge, à moitié explorée.

Entre 21 et 35 ans, comme l'Asie, chaude et exotique.

Entre 36 et 45 ans, comme les États-Unis, explorée, libre et pleine de ressources.

Entre 46 et 55 ans, comme l'Europe, fatiguée mais encore intéressante.

56 ans et plus, comme l'Australie : tout le monde sait que ça existe mais personne ne s'en occupe.

Pourquoi est-ce que les avocats portent des robes?
Pour pouvoir mentir comme des femmes.

Ma femme a une mémoire terrible, elle n'oublie rien.

Un vieillard qui épouse une jeune fille, c'est comme un vieux qui vient de se faire arracher les dents et qui s'achète un sac de peanuts.

La fidélité, c'est une forte démangeaison avec défense de se gratter.

Un cannibale dit à l'autre :
— J'aime pas ma belle-mère.
L'autre cannibale répond :
— Mange juste les patates.

J'ai la plus belle femme du monde ; il n'y a qu'un problème, son mari veut la ravoir.

La femme à l'ouvrier dans la maison :
— Mon mari va être de retour dans une heure.
— Mais Madame, je ne fais rien.
— Justement, si tu veux faire quelque chose, dépêche-toi !

Le gars dit au docteur:
— Ma femme a attrapé une maladie vénérienne.
Le docteur s'est donné une piqûre de Pénicilline.

Deux amis discutent. Le premier dit à l'autre:
— Tu as bien l'air déprimé, qu'est-ce que tu as?
— Les gars m'ont fait un enterrement de vie de garçon, je me marie dans 15 jours.
— Et puis?
— Y m'ont fait jouer un film porno...
— Et puis?
— Ma blonde était dedans!

Un gars qui bégaie demande:
— Donnez-moi un gin, gin, gin...
Avant qu'il ait eu le temps de dire *ginger ale*, il était paqueté!

Malchance:
Le gars a été condamné à être pendu. La corde était trop longue, il s'est cassé les deux jambes.

Ma blonde est entrée dans le concours de Miss Monde nue. Elle est venue à un poil de gagner.

Je me demande: dans un couple de nudistes, qui est-ce qui porte les culottes?

— Le gars a été condamné à être pendu, il est mort de 22 fractures du crâne.
— Comment ça?
— Ils l'ont pendu avec un élastique

À la taverne, le père a dit à un de ses amis :
— Mon garçon a eu 100 à l'école.
— 100 ! C'est formidable.
— Oui, 25 en français, 25 en math, 25 en religion et 25 en géographie.

Il faut dire :
Le pâtissier a glissé dans son passage.
et non :
Le pâtissier a pissé dans son glaçage.

— J'ai entendu dire que tu as une nouvelle blonde.
— Oui.
— Comment s'appelle-t-elle ?
— Elle s'appelle Poil de souris.
— C'est ridicule !
— Bien non, sa sœur s'appelle Barbe à rat (Barbara).

La femme dit à son mari :
— Tu es vraiment un homme extraordinaire, exceptionnel. Écoute, on est mariés depuis trois semaines et je suis déjà enceinte de quatre mois !

Le petit garçon dit à sa mère :
— Aujourd'hui, à l'école, on a appris à écrire.
— Ah oui, qu'est-ce que tu as écrit ?
— Je ne sais pas, on n'a pas encore appris à lire !

Au restaurant :
— Je ne sais pas ce qu'ils vont nous servir, mais j'ai vu le chef entrer dans la cuisine avec une chaise puis un fouet.

Une femme à sa copine :
— Te rends-tu compte, il m'a traité de nymphomane.
Je lui ai dit de sortir du lit, lui puis ses trois chums.

La sagesse, c'est de savoir quoi faire.
L'habileté, c'est de savoir comment le faire.
La vertu, c'est de ne pas le faire.

Deux filles se sont déshabillées dans la fenêtre de leur chambre d'hôtel. L'une a pogné un rhume puis l'autre a pogné un millionnaire.

Si vous avez l'idée de vous faire un futur avec une fille qui a déjà un passé, arrivez avec un présent.

Un touriste de passage à New York s'arrête devant une étrange machine automatique sur laquelle c'est écrit : «Je fais ça mieux que votre femme.» et il assiste à une scène curieuse : un passant s'approche de la machine et il vient se coller la braguette tout contre. Tout excité, notre homme s'avance à son tour, met de l'argent dans la machine, il entrouvre son pantalon et s'offre à la machine comme il l'a vu faire. Alors on entend un terrible hurlement et l'infortuné se retrouve avec un bouton cousu au bout de son extrémité la plus sensible.

Deux gars qui se rencontrent et l'un demande à l'autre :
— Combien peux-tu manger de pommes à jeun ?
— Quatre.
— Bien non niaiseux, quand tu en as mangé une, tu n'es plus à jeun !
Le gars part, rencontre un de ses amis et lui pose la même question :
— Combien peux-tu manger de pommes à jeun ?
— Trois.
— Hé maudit, si tu m'avais dit «quatre», j'aurais eu une bonne histoire à te raconter.

Une jeune secrétaire terriblement en retard entre dans l'ascenseur où elle travaille. Pour gagner du temps, elle défait la ceinture de son imperméable. Au premier étage, elle enlève l'imperméable. Au deuxième étage, elle enlève son foulard, au troisième étage, elle enlève sa veste. Au quatrième étage, elle sort de l'ascenseur. Alors, un des passagers dit :

— C'est d'valeur qu'elle ne travaille pas au dixième !

La différence entre un névrosé, un fou puis un psychiatre ?

Le névrosé bâtit des châteaux en Espagne, le fou les habite et le psychiatre collecte les loyers.

Le garçon de 14 ans dit à son père :

— Je veux me marier.

Son père répond :

— Veux-tu aller te coucher.

— Quand je me couche, c'est pire !

Il faut dire:

Picasso choisissait pour modèle une femme aux reins cassés.

et non:

Picasso choisissait pour modèle une femme aux seins carrés.

Le petit garçon a les deux bras dans le plâtre et a besoin d'aide pour aller faire pipi. Il dit à sa mère:
— J'aime mieux quand c'est grand-maman qui m'aide à aller faire pipi parce qu'elle, elle tremble.

Est-il possible qu'aucun mensonge ne sorte de la bouche d'une femme?
Oui, si elle parle du nez.

Savez-vous comment un fonctionnaire fait un clin d'œil?

Il ouvre un œil.

Dans un grand magasin, un vendeur répond à une cliente :

— Hé bien non, j'en ai plus depuis le mois passé.

Le gérant qui passait par là se met en colère et engueule l'employé comme du poisson pourri :

— Je vous l'ai dit 100 fois, on a toujours ce que le client demande. Et si on ne l'a pas en magasin, on le fait venir pour le lendemain.

Il se tourne vers la dame et lui dit :

— Excusez-nous Madame, on est là pour vous servir tout ce que vous désirez. Qu'est-ce que vous avez demandé ?

La femme est complètement estomaquée et est incapable de parler. Il se tourne vers son vendeur :

— Dites-moi au moins ce qu'elle vous a demandé ?

Le gars devient tout rouge et dit :

— C'est ma voisine de palier et elle voulait savoir si j'avais encore des morpions.

La comédienne de théâtre demande :
— Dans quelle pièce m'as-tu préférée ?
— Dans la chambre à coucher.

Comment fait-on pour reconnaître un Newfie dans un sous-marin ?
C'est le seul qui porte un parachute.

Ma femme est jamais contente : depuis 10 ans, elle braillait pour que je lui achète un vison. Je lui en ai acheté un. Aujourd'hui, elle braille parce qu'elle est obligée de nettoyer la cage tous les jours.

Dans un restaurant, une dame dit au garçon :
— Apportez-moi une soupe au poulet, un spaghetti et une tarte aux pommes.
Le garçon dit :
— Vous avez déjà vu le menu ?
— Non, j'ai vu la nappe.

Au restaurant :
— Garçon, il y a une mouche dans ma soupe.
— C'est pas grave Monsieur, quand elle va y avoir goûté, elle va s'en aller !

Au cinéma, une dame se retourne vers son voisin en arrière et lui dit :
— Si mon chapeau vous dérange, je peux l'ôter.
Le gars répond :
— Non, non, gardez-le, il est plus drôle que le film.

L'homme à la tête d'acier est le numéro vedette au programme du music-hall. Il s'agit d'un acrobate qui saute à plus de 25 pieds, se précipite dans le vide et atterrit sur la tête. Dans les coulisses ce soir-là, l'homme se prépare. Il fixe son bandeau sur ses yeux, grimpe sur son plongeoir, salue, saute et atterrit sur le crâne. Pas un applaudissement. «Ils sont durs à soir» se dit-il. Il remonte, salue à nouveau, saute. Pas un applaudissement. Il demande d'un geste à un accessoiriste de remonter son plongeoir de 10 pieds, convaincu que ça va les impressionner. Il remonte, il salue et saute. Quand il atterrit sur la tête, le plancher tremble mais pas d'applaudissement. C'est alors qu'il sent une main se poser sur son épaule et entend une voix qui lui dit :

— Tu peux te préparer Maurice, on lève le rideau dans cinq minutes !

Le banquier dit à l'acteur :

— J'ai honte de dire ça, mais ça fait 10 ans que je ne suis pas allé au théâtre.

L'acteur répond :

— C'est pas grave, moi ça fait 10 ans que je ne suis pas allé à la banque.

Pourquoi est-ce que les blondes laissent toujours la porte ouverte quand elles vont aux toilettes?

Pour pas qu'on les regarde par le trou de la serrure.

Les parents d'un jeune garçon se demandent ce que leur fils va faire plus tard. Ils décident de procéder à un test et mettent sur une table quatre objets pour déterminer sur lequel va porter son choix. Sur la table, il y a une bouteille de vodka, une bible, un billet de 100 $ et un magazine porno. Le mari dit à sa femme:

— S'il choisit la vodka, il sera alcoolique. S'il prend la bible, il va entrer dans les ordres. S'il choisit l'argent, il sera un homme d'affaires puis s'il prend le magasine porno, ça sera un voyou.

Le petit entre dans la pièce, regarde les quatre objets déposés sur la table, il hésite quelques minutes et finalement les prend tous les quatre. Sa mère lève les yeux au ciel et dit:

— Ça parle au diable, il va faire de la politique!

Un gars de la ville, sans travail et sans argent va à la campagne chercher refuge et nourriture pour un certain temps. En arrivant dans une ferme, il demande au propriétaire s'il veut l'engager. Le propriétaire est d'accord.

— Oui, je vais te nourrir et tu vas travailler pour moi. Autre chose de bien important; j'ai deux filles. Si tu leur touches, tu es mort.

Le gars de la ville accepte et va dormir dans la grange. À la première heure, le fermier va le chercher pour faire des travaux. Voyant les chaussures du gars de la ville, le fermier n'en revient pas.

— Tu ne pourras jamais travailler sur une terre avec ces souliers-là. Va dans la chambre des filles. Dans la garde-robe, tu vas trouver des bottes; mets-les et reviens.

En arrivant dans la chambre et voyant les deux belles filles étendues dans leur lit en baby-doll et encore endormies, il commence à faire l'amour à l'une des deux. N'ayant pas reçu de résistance avec la première, il entreprend la deuxième. Mais elle se met à crier.

— Tu ne peux pas faire ça, mon père va te tuer.

— Non, c'est lui qui m'envoie, tu vas voir.

Il va à la fenêtre, l'ouvre et crie:

— Hé le père, je les mets toutes les deux?

Le père répond:

— Bien oui innocent!

Un homme est dans un train et dans son comparti-
ment, il n'y a qu'une seule personne. C'est une jeune
et jolie religieuse en train de lire la bible. Le jeune
homme va s'asseoir à côté d'elle. Au bout d'un certain temps, il essaie d'entamer la conversation, mais
ne sachant ni par quoi ni par où commencer, il place
sa main sur le genou de la sœur. Elle rougit, se retourne
et lui dit :

    — Jeune homme, croyez-vous en Dieu ?

    — Oui.

    — Avez-vous déjà lu la bible ?

    — Oui.

    — Pour qualifier le geste que vous venez de faire, je
vous conseille, quand vous rentrerez chez-vous, de lire
le verset 14 du chapitre 6.

    Le jeune homme rougit, retire sa main et ne bronche
plus pendant tout le reste du voyage. De retour chez lui, il
va chercher une bible et après avoir ouvert le livre au chapitre 6, verset 14, il lit : « Le paradis est un peu plus haut. »

L'animal le plus heureux de la terre ?

    Le homard car, même mort, on lui suce la queue.

Il faut dire :
> *Bizet soulage ma peine.*

et non :
> *Baiser soulage ma pine.*

La vieille bonne femme goûte à son premier verre de bière. Après une première gorgée, elle dit :
— Ça parle au diable, ça goûte exactement comme les remèdes que mon mari prend depuis 40 ans.

Une bonne façon d'empêcher un homme de se ronger les ongles, c'est de cacher ses dentiers.

La bonne femme est assise dans le train. Elle est partie de Montréal depuis quelques minutes. Elle demande au contrôleur :

— On es-tu rendus à Rimouski ?

Le contrôleur répond :

— Non, non, on vient juste de partir ; je vais vous le dire quand on sera à Rimouski.

Un peu plus tard, le train s'arrête, la bonne femme demande au contrôleur :

— On es-tu rendus à Rimouski là ?

— Non, on est juste à Trois-Rivières. Détendez-vous, je vais vous le dire quand on sera rendus à Rimouski.

La bonne femme se rassoit, le train repart. Un peu plus tard, le train s'arrête encore. La bonne femme, énervée, se lève et demande au contrôleur :

— Puis, on es-tu arrivés à Rimouski là ?

— Non Madame, ici on est à Québec. Rassoyez-vous, je vais vous le dire quand on sera rendus à Rimouski.

La bonne femme se rassoit, le train repart. Un peu plus tard, le train s'arrête encore, la bonne femme, énervée, demande au contrôleur :

— Puis, on es-tu rendus à Rimouski ?

— Non Madame, on est à Rivière-du-Loup. Calmez-vous, je vais vous le dire rendu à Rimouski. Détendez-vous là !

Le train repart et quelque temps plus tard, il s'arrête.
Le contrôleur vient trouver la bonne femme pour lui dire
qu'ils sont rendus. La bonne femme dort. Alors, pour
prendre de l'avance, le contrôleur prend les valises de la
bonne femme, les descend sur le quai de la gare, revient
dans le train, réveille la bonne femme et lui dit :

— J'ai descendu vos valises, on est rendus à Rimouski.
La bonne femme dit :

— Vous n'auriez pas dû faire ça.

— Pourquoi ?

— Moi, je ne descends pas ici.

— Comment ça ?

— Bien non, ma fille m'a dit : «Rendue à Rimouski,
oublie pas de prendre ta pilule !»

Ma femme est toujours sur mon dos. Si je me réin-
carnais en chien, elle se réincarnerait en puce !

— Madame, si je fume, est-ce que ça va vous déranger ?

— Puis moi, si je vous vomis dessus, est-ce que ça
va vous déranger ?

Un gars vient de s'acheter un cigare dans un magasin. Il l'allume et au même moment, le vendeur lui dit :

— Vous voyez l'affiche, vous n'avez pas le droit de fumer ici !

— Vous vendez des cigares, alors comment se fait-il qu'on n'ait pas le droit de les fumer ici ?

— Oui, on en vend mais ça ne change rien ; on vend des condoms aussi !

Aujourd'hui, mon cœur à battu 102 269 fois, mon sang a parcouru 168 millions de kilomètres, j'ai respiré 23 400 fois, j'ai inhalé 428 pieds cubes d'air, j'ai mangé 1 kilo de nourriture, j'ai bu 3 litres de liquide, j'ai transpiré un demi-litre. J'ai produit 27,6 degrés de chaleur. J'ai généré 450 tonnes d'énergie. J'ai prononcé 4 800 mots, j'ai bougé 750 muscles importants. Mes ongles ont poussé de 0,04 millimètres, mes cheveux ont poussé de 0,076 millimètres et j'ai fait fonctionner 7 millions de cellules nerveuses. Mon dieu que je suis fatigué !

Le curé de la paroisse est découragé. Les fruits de la quête du dimanche sont misérables. Un jour il en parle au curé d'une autre paroisse qu'il connaît. L'autre curé lui dit:

— J'avais le même problème mais j'ai trouvé la solution. Pendant l'office, j'hypnotise mes fidèles en balançant ma montre devant eux et je leur dis: «Je veux que chacun d'entre vous donne 10 $ à la quête.»

Notre curé trouve l'idée formidable et le dimanche suivant, décide d'essayer le truc. Il sort sa montre, la balance devant les fidèles et leur dit:

— Je veux que chacun d'entre vous donne un dollar à la quête.

À son grand étonnement, tous les paroissiens présents dans l'église mettent 1 $ dans l'assiette. Encouragé, le dimanche suivant, il recommence mais cette fois, sûr de lui, en balançant la montre, il leur dit:

— Je veux que vous donniez 5 $ à la quête.

Et encore une fois, les paroissiens présents lui donnent 5 $. La semaine d'après, il décide de porter le grand coup en se disant: «Cette fois, je vais leur demander 10 $.» Au moment de la quête, il balance sa montre et leur dit:

— Je veux...

Au même moment, il échappe sa montre et dit:

— Merde!

Ça a pris une semaine pour nettoyer l'église.

L'optimiste voit le beigne.
Le pessimiste voit le trou.
Le réaliste voit toutes les calories.

Le curé est ennuyé de voir que, chaque fois que le grand-père vient à la messe avec son petit garçon, il dort tout le temps. Un jour, le curé rencontre le petit garçon, lui donne 25 cennes en lui disant :

— Je te donne 25 cennes pour que tu réveilles ton grand-père quand il va dormir à la messe pendant le sermon.

Le dimanche suivant, le grand-père est à la messe avec son petit garçon. Pendant son sermon, le curé remarque que le grand-père dort et que le petit ne le réveille pas. Un peu plus tard, le curé rencontre le petit garçon et lui dit :

— Je t'ai donné 25 cennes pour réveiller ton grand-père, pourquoi tu ne l'as pas réveillé ?

— C'est parce que lui m'a donné un dollar pour le laisser dormir !

André et Bernard essaient toujours de s'impressionner en se jetant de la poudre aux yeux. Bernard s'est acheté une limousine Mercedes et André s'est acheté une limousine Cadillac. Un jour qu'ils sont arrêtés côte à côte, Bernard dit à André:

— Belle auto, est-ce qu'elle est tout équipée?
— Certainement.
— As-tu un téléphone?
— Oui.
— As-tu la télévision?
— Certainement.
— As-tu un lit?
— Non, j'ai pas de lit, en as-tu un?
— Oui, c'est formidable.

Au même moment, la lumière change et ils partent. André est furieux, il retourne voir son vendeur de Cadillac et demande qu'on lui installe un lit. Une semaine plus tard, il va chercher sa voiture équipée du nouveau lit. Il demande à son chauffeur de l'amener près des bureaux de Bernard en espérant le rencontrer. Finalement, il voit la limousine de Bernard stationnée en bordure de la route avec les clignotants d'urgence allumés. André descend, frappe à la porte de la limousine; il attend, pas de réponse. Il frappe à la fenêtre et Bernard baisse la vitre et demande:

— Qu'est-ce que tu veux?

André lui dit:

— Je voulais te dire que je me suis fait installer un nouveau lit.

Bernard lui répond :

— Tu m'as sorti de la douche pour me dire ça !

La différence entre la frustration et la panique.

La frustration, c'est quand vous découvrez pour la première fois que vous ne pouvez pas une deuxième fois.

La panique, c'est quand vous découvrez une deuxième fois que vous ne pouvez pas une première fois.

Une femme se présente à la banque pour déposer un chèque. Après vérification, le caissier lui dit :

— Je regrette Madame, mais votre chèque n'a pas de fonds.

La femme dit :

— Ah mon Dieu, j'ai été violée !

Une maison spécialisée annonçait un nouveau traitement pour maigrir «pour hommes seulement». Un gars se présente à l'admission et s'informe sur les prix. «50 $, 100 $ et 250 $», répond le préposé. Le gars paye une séance à 50 $. On l'envoie dans une chambre où il y a une belle grande rousse qui lui dit:

— Cours après moi et si tu m'attrapes, tu pourras m'embrasser.

Le gars part après la fille, court pendant 45 minutes mais ne la rejoint pas. Cependant, quoique épuisé, il a perdu 6 livres. Il retourne à la maison et, la semaine suivante, revient et prend le traitement à 100 $. Il monte à la chambre et il y trouve une belle grande blonde, nue, qui lui dit:

— Si tu m'attrapes, tu pourras me baiser.

Le gars commence à courir et il court pendant une heure et demie mais ne la rejoint pas. Quand il s'arrête, il constate qu'il a perdu 10 livres. Il retourne chez lui et, la semaine suivante, revient, mais cette fois, il prend le traitement à 250 $. Il monte dans une chambre, se déshabille flambant nu et se cache derrière la porte. Soudain arrive un grand noir de 6 pieds 8 et 395 livres, flambant nu lui aussi qui lui dit:

— Si j'te pogne, j'te baise.

Le gars a perdu 35 livres ce jour-là.

Il faut dire :

Le voyageur s'est écrasé un sinus dans la gare.

et non :

Le voyageur s'est écrasé un cigare dans l'anus.

Un gars va à l'hôpital voir sa vieille grand-mère. Quand il arrive dans la chambre, sa grand-mère dort. Il décide de la laisser dormir. Il s'installe à côté du lit dans une chaise et, pour passer le temps, commence à manger les peanuts qui sont sur la table de chevet de la grand-mère. Plus ça va, plus la grand-mère dort et plus il mange des peanuts. Finalement la grand-mère se réveille. Il va l'embrasser ; il s'excuse d'avoir mangé toutes ses peanuts et lui dit :

— Je vais aller à la boutique en bas t'acheter d'autres peanuts.

La vieille grand-mère lui répond :

— Inquiète-toi pas pour ça. J'ai pas mes dents, tout ce que je peux faire c'est de sucer le chocolat qu'il y a dessus.

Comment appelle-t-on cette partie insensible de peau au bout d'un pénis?
Un homme.

Quelle est la première chose qu'un homme fait après son divorce?
Il arrête de se masturber.

Quelle est la meilleure chose à propos d'une fellation? 15 minutes de silence.

Quel est le meilleur moyen d'arrêter votre blonde de vous faire des fellations?
Mariez-la.

La bonne et la mauvaise nouvelle:

La femme dit à son mari qui revient de travailler:

— Chéri, j'ai une bonne puis une mauvaise nouvelle pour toi. Premièrement, le souper est complètement brûlé.

Le mari dit:

— Bon, c'est quoi la mauvaise nouvelle?

La bonne et la mauvaise nouvelle:

Un homme en revenant de travailler dit à sa femme:

— J'ai une bonne et une mauvaise nouvelle pour toi. D'abord, je te quitte et je pars avec ta meilleure amie Ginette.

La femme dit:

— Parfait, c'est quoi la mauvaise nouvelle?

Bulletin spécial à la télévision:

On annonce la fin du monde ce soir à 21 h, plus de détails au bulletin de 22 h 30.

Serge et Mario travaillent au centre-ville de Montréal et depuis des années ils vont toujours luncher dans le quartier chinois, toujours au même restaurant. Depuis des années, ils ont le même garçon de table, un petit Chinois qui s'appelle Wong. Serge et Mario vont toujours au même restaurant, pas seulement parce que la soupe est excellente, mais parce qu'en plus, ils peuvent jouer des tours à Wong. Comme par exemple dévisser le couvercle de la salière et de la poivrière, mettre du sucre à la place du sel dans la salière. Autrement dit, tout faire pour écœurer Wong. Un jour, Serge dit à Mario : « Je pense que ça a assez duré. On devrait arrêter de martyriser Wong et on devrait s'excuser et lui donner un bon pourboire pour nous faire pardonner tout ce qu'on lui a fait. » Et ce midi-là, quand Wong apporte la soupe, Serge et Mario lui disent :

— Écoute Wong, ça fait des années qu'on t'écœure ; aujourd'hui, on veut se faire pardonner et on te donne un gros pourboire pour te prouver notre sincérité. Dorénavant on va être des clients modèles.

Wong est très touché de leurs excuses et, les yeux pleins d'eau, il leur dit :

— Je vous remercie beaucoup et je vous promets que de mon côté, je ne ferai plus jamais pipi dans votre soupe.

Un avocat est en file pour acheter un billet de cinéma. Soudain, il sent deux mains derrière lui en train de lui masser les épaules. Il se retourne et dit au gars derrière lui :

— Qu'est-ce que tu fais là ?

Le gars derrière lui dit :

— Excusez-moi mais je suis chiropraticien, je fais ça par habitude.

L'avocat lui répond :

— Raconte-moi pas ça à moi, je suis avocat, me vois-tu en train de fourrer le gars qui est en avant de moi ?

Une touriste à Venise fait un tour de gondole. Elle est seule avec le gondolier. Soudainement, il arrête sa gondole et dit à la touriste :

— J'espère que vous aimez baiser.

Elle répond :

— Non, pas du tout.

Le gondolier lui dit :

— J'espère que vous aimez nager…

Quel est le premier ordre qu'un soldat reçoit le matin?
Un ordre de toasts.

Quand tu demandes à un Italien et a un Russe si les MTS c'est grave,
l'Italien répond *SI*
le Russe répond *DA*.

Les pickpockets passent leur journée les mains dans les poches des autres.

Deux gars se rencontrent sur la rue. L'un dit à l'autre:
— J'ai rencontré ta femme hier, elle est comique. On a assez ri, on est tombés en bas du lit.

Affiche à la porte d'une église :
«Si vous êtes tanné du péché, entrez!»
En bas avec du rouge à lèvres c'était écrit :
«Si vous n'êtes pas tanné, appelez Tina : 555-6969».

Un jeune couple d'amoureux se présente au presbytère.
— On voudrait se marier.
Le curé dit :
— Certainement, asseyez-vous.
Le gars répond :
— On s'est essayé pis on aime bien ça !

Elle :
— T'as pas d'affaire dans ma chambre.
Lui :
— J'viens pas par affaire, j'viens par plaisir !

Deux filles jasent ensemble. L'une demande à l'autre :
— Savais-tu que le caviar, ça venait des poissons ?
— Oui, je le sais, il y en a toujours un qui m'en paye à tous les samedis soirs.

— Viens voir le beau chien que j'ai eu pour ma belle-mère.
— Ouen, tu as fait un maudit bon échange.

Celui qui s'endort avec un problème de sexe se réveille avec la solution en main.

Il faut dire :
Le petit Colin est un éternel enrhumé.
et non :
Le petit Romain est un éternel enculé.

Un général, un colonel, un major et un simple soldat sont en train de parler :

Le général dit :

— En amour, Messieurs, c'est 80 % de plaisir et 20 % de travail.

Le colonel dit :

— Non, c'est 75 % de plaisir et 25 % de travail.

Le major dit :

— Non, c'est 50 % de plaisir et 50 % de travail.

Le simple soldat dit :

— Non, c'est sûrement 100 % de plaisir parce que, s'il y avait de l'ouvrage, c'est moi qui le ferais.

Un homme de 40 ans qui est en amour avec une fille de 10 ans ; il a 4 fois son âge. Cinq ans plus tard, la fille à 15 ans et il en a 45 ; maintenant, il n'a que 3 fois son âge. Quinze ans plus tard, la fille à 30 ans et lui en a 60, il n'a plus que 2 fois son âge. Quand auront-ils le même âge ?

Une fois, j'ai fait l'amour pendant une heure et cinq minutes. C'était le jour du changement d'heure!

Une étude révèle que 9 Montréalais sur 10 estiment que la police de Montréal est polie. Le dixième est à l'hôpital.

— J'ai laissé traîner mon revolver sur la chaise. Ma femme s'est assise dessus.
— Et puis?
— Elle s'est flambé la cervelle!

La compagnie de brassières Wonderbra cherche des employés de soutien.

— Est-ce qu'un homme intelligent ça fait un bon mari?
— Non, un homme intelligent, ça ne se marie pas.

Le bébé braille.

Lui :

— Chérie, lève-toi, le bébé braille.

Elle :

— Pourquoi est-ce que c'est toujours moi qui se lève ; cet enfant-là est autant à toi qu'à moi, on en a chacun une moitié.

Lui :

— D'accord, lève-toi, va consoler ta moitié puis laisse brailler la mienne !

Le professeur :

— Nommez-moi deux mammifères volants.
— Une chauve-souris et une hôtesse de l'air.

Avant d'aller rendre visite à des amis, une dame charge sa nouvelle bonne étrangère, qui ne parle pratiquement pas le français, de faire prendre le bain aux enfants et de les coucher à 7 heures. Et de se fâcher au besoin s'ils protestent. Quand elle revient vers 10 heures, la dame demande :

— Est-ce qu'ils ont été sages ?

La bonne répond dans sa langue :

— Oui, sauf le plus grand des garçons ; il s'est débattu comme un diable avant que je puisse le déshabiller pour lui donner son bain et le coucher.

— Mais je ne comprends pas, nous avons rien qu'un garçon, de qui voulez-vous parler ?

— Du grand brun avec des lunettes.

— Mon dieu, c'est mon mari !

Le vieux se plaint à son garçon :

— J'suis tanné d'être ici à l'hôpital, j'ai hâte de sortir.

Son garçon lui répond :

— Ne sois pas impatient pour rien, le docteur vient de me dire que tu n'en avais plus pour longtemps.

Pourquoi est-ce qu'ils n'ont pas encore enterré le colonel Sanders?

Ils n'arrivent pas à mettre tous les morceaux dans le baril.

Ma voisine me fait penser à une vente de trottoir, t'as pas besoin de faire d'effort pour entrer dans le magasin.

La procession se déroule dans l'église et, derrière les enfants de chœur, le curé avance en tenant son encensoir. Tout à coup, un jeune un peu efféminé s'approche de lui et lui dit:

— Mon Dieu, Monsieur le Curé, faites attention, votre sacoche est en feu!

Au salon du livre :

Le gars revient avec un livre qui s'appelle « Comment être le maître chez soi » et dit au vendeur :

— Je le rapporte, ma femme ne veut pas que je le garde.

Un autre rapporte un livre qui s'intitule « Comment vivre jusqu'à 100 ans ».

— Je le rapporte, ma belle-mère a commencé à le lire !

Un gars est au motel avec une fille et lui dit :

— Tu as les bras pas mal musclés.

— Oui, je fais du tennis tous les matins.

— Je te regarde, tu dois faire de l'équitation aussi.

Avec l'âge, les raideurs changent de place.

Une femme se plaint à un vieux politicien :
— Tout monte, la nourriture, les vêtements, les loyers ;
j'aimerais ça voir quelque chose qui ne monte pas !
Le vieux politicien dit :
— Madame, j'ai ce qu'il vous faut...

La langue française est la plus belle langue au monde,
mais il faut savoir où, quand et comment la placer.

Elle lui dit :
— Je me couche dans le trèfle, les jambes en carreau
puis si tu as du cœur, pique !

J'ai arrêté de boire, je voyais ma belle-mère en double !

Dans une vente de charité, la jeune bénévole annonce triomphalement à l'organisatrice en chef :
— Madame, j'ai vendu tout ce qu'il y avait dans mon comptoir, même ce qu'il y avait derrière le rideau.
L'organisatrice dit :
— Ah, mon Dieu! c'était notre vestiaire.

Le gars explique à son ami :
— Hier au party, j'avais pris un coup. J'ai essayé de séduire ta femme.
L'autre lui demande :
— Puis, as-tu réussi?
— Non!
— Alors, c'était pas ma femme.

L'horaire quotidien d'un gars de la Rive-Sud :
8 heures de travail, 8 heures de sommeil et 8 heures à sacrer sur les ponts...

Le gars appelle le médecin :
— Docteur, je suis tellement malade, ça n'a pas de bon sens.
Le médecin répond :
— Bien, passez à mon bureau.
— Peut-être la semaine prochaine, si ça va mieux.

Il faut dire :
Au collège, les mauvais élèves perturbaient les masses.
et non :
Au collège, les mauvais élèves masturbaient les pères.

Le siège de toilette qui va voir le psychiatre :
— Vous savez Docteur, je suis déprimé parce que je passe ma vie à me faire rabaisser par les femmes.

Quand on voit un noir qui se repose, on dit que les noirs sont tous paresseux. Par contre, quand un patron donne un surplus de travail à un blanc, on dit qu'il le fait travailler comme un nègre.

Un gars entre dans l'autobus et crache continuellement par terre. Le chauffeur lui demande pourquoi il a une aussi mauvaise habitude. Le gars répond :

— Tout à l'heure, j'étais dans un autre autobus et le chauffeur a voulu stationner son véhicule entre deux voitures qui étaient très très près l'une de l'autre (et le gars crache toujours). J'ai dit au chauffeur : «Essaye pas, tu ne seras jamais capable de stationner là.»; le chauffeur m'a répondu : «Tu penses?» (et le gars crache toujours). Je lui dis : «Si tu arrives à te stationner là, je te baise le cul!»

— Et puis...

— C't'un maudit bon chauffeur! (et il crache encore).

Deux militaires à l'entraînement :
— Pourquoi tu t'es engagé dans l'armée ?
— Parce que je suis célibataire et parce que j'aime la guerre. Et toi ?
— Parce que je suis marié et que je veux la paix !

Le père donne le dernier paiement de la pension alimentaire à son fils en lui disant :
— Dis à ta mère que c'est le dernier paiement puis regardes-y bien la face !
— Le garçon raconte ça à sa mère en lui remettant le chèque. Elle dit à son garçon :
— Va voir ton père, puis dis-lui que tu n'as jamais été son fils puis regardes-y bien la face !

Ça va mal : ma blonde, ma femme puis le paiement sur mon auto, les trois retardent d'un mois !

Je voulais la marier, mais finalement sa famille ne voulait pas... son mari puis ses trois enfants.

La femme :
— Je suis sûre Docteur, je vous le dis pour la deuxième fois que c'est la syphilis.
Le docteur :
— Non Madame, c'est de l'insuffisance lymphatique.
— Non, c'est la syphilis, j'en suis sûre.
— Bon, on va voir ça, installez-vous ici.
— Mais docteur, vous me violez !
— Non Madame, je vous rassure.

Quand est-ce qu'on s'aperçoit qu'on a un problème de cocaïne ?
Quand on n'a plus d'argent pour s'en acheter !

Les deux amoureux reviennent de magasiner. Il a les bras chargés de paquets, il dit à sa blonde :
— Veux-tu prendre la clé qui est dans ma poche.
Elle fouille et soudain demande :
— Mais qu'est-ce que c'est ça ?
— C'est ma lampe de poche.
— Change de batteries, elles coulent !

Un homme va consulter son médecin. Il vient chercher les résultats du test d'urine qu'il a passé la semaine d'avant. Le médecin lui dit :
— Cher Monsieur, vous faites du diabète. Autrement dit, vous avez du sucre dans les urines.
— Ça parle au diable…
— Qu'est-ce qui vous prend ?
— Moi je pensais qu'elle faisait ça par amour puis tout le temps, c'était par gourmandise.

Peu importe combien un homme est occupé, il n'est jamais assez occupé pour ne pas s'arrêter pour vous dire à quel point il est occupé.

La mère se présente chez le docteur avec son fils de cinq ans. Elle dit au docteur :

— Mon petit gars à la mauvaise habitude de se pogner la quéquette à la journée longue.

Le docteur fait signe à la mère de se taire et demande à l'enfant d'aller les attendre dans la pièce voisine. Le médecin parle du problème avec la mère et à la fin de la consultation, ils rejoignent le petit dans l'autre pièce. Le médecin réalise que le petit garçon a mangé toute la boîte de chocolats qu'il y avait sur la table. Il lui dit :

— P'tit maudit, t'aurais pas pu te pogner la quéquette !

Si vous voulez vivre longtemps, vivez vieux.

La femme va voir son médecin et après l'examen, le médecin étonné constate qu'elle a de la cire dans le nombril. Le médecin lui demande des explications. Elle répond en rougissant :
— C'est à cause de mon chum, il aime ça manger à la chandelle.

— Ça fait 5 ans que je n'ai pas parlé à ma belle-mère.
— Comment ça ?
— Je ne veux pas l'interrompre.

Deux pères font les cent pas dans la salle d'attente de la pouponnière. Un des deux futurs pères dit à l'autre :
— Ça tombe-tu mal, ça arrive en plein dans mes vacances.
— C'est rien, moi ça arrive en plein voyage de noces !

Définitions:

Singulier:
Du latin singulus, *unique, qui ne se produit qu'une seule fois « Il faisait l'amour, hélas, de façon bien singulière. »*

Coup de foudre:
Mal qui s'attrape en un éclair avec une fille du tonnerre.

Épaule:
Deux braves qui tiennent le cou.

Monocle:
Verre solitaire.

Caresse:
Le meilleur dans l'amour, ce sont les caresses, le reste n'est que du remplissage.

— Docteur, J'ai acheté un lapin de 12 livres et je l'ai fait cuire. Lundi, j'ai fait des escalopes de lapin ; mardi, j'ai fait un civet de lapin ; mercredi, j'ai fait un ragoût de lapin ; jeudi, j'ai fait un confit de lapin ; vendredi, j'ai fait une fricassée de lapin.

— Puis votre mari, qu'est-ce qu'il dit de ça ?

— Rien, il est assis à table puis il me regarde avec ses yeux roses.

Sur la plage, il y a un monsieur qui observe les gens autour de lui. En se tournant vers son voisin, un homme mince aux cheveux plats, qui fume une cigarette, enveloppé dans un peignoir, il lui dit :

— C'est effrayant, de nos jours, les jeunes des deux sexes se ressemblent. Regardez la grande blonde en train de jouer au ballon, on jurerait que c'est un garçon.

— C'en est un, la grande blonde, comme vous dites, c'est pas une fille, c'est mon fils.

— Oh, pardon, je ne savais pas que vous étiez son père.

— Comment son père, je suis sa mère !

La mère dit au médecin :

— J'ai de la misère avec mon bébé.

— Lui donnez-vous du lait avant qu'il s'endorme ?

— Oui.

— C'est ça le problème : vous donnez du lait à votre bébé avant de dormir. Le bébé s'endort, tourne d'un bord, tourne de l'autre ; le lait se change en fromage, le fromage tourne en beurre, le beurre tourne en gras, le gras se change en sucre, le sucre se change en alcool et la première chose que vous savez, le bébé se lève avec la gueule de bois.

Le gars s'approche du père et lui dit :
— Je voudrais marier votre fille.
— Pensez-vous pouvoir rendre ma fille heureuse ?
— Je comprends, vous auriez dû la voir hier soir au motel...

La différence entre une vache puis un bébé :
Une vache, tu lui donnes de l'eau puis elle te donne du lait.
Un bébé tu lui donnes du lait puis il te donne de l'eau.

Un play-boy prépare un gros party. Sur le carton d'invitation qu'il envoie à un ami, c'est écrit : «Mon salon sera pavé de jolies filles» L'ami répond : «J'arrive ventre à terre !»

Il faut dire :
> *Quand le nourrisson tète, il pousse.*

et non :
> *Quand le nourrisson tousse, il pète.*

Une prostituée explique à une amie :
— J'ai une business formidable. Tout ce que j'ai à faire pour fermer la boutique, c'est de me croiser les jambes.

Le papa moineau qui revient au nid et dit à sa femme :
— Je viens de faire un dépôt sur une nouvelle Buick.

— Pis, comment est-ce qu'est ta femme ?
— Mieux que rien...

Les pauvres hommes :

Durant la première moitié de votre vie, votre mère vous demande toujours où vous allez et durant la seconde moitié, c'est votre femme qui vous demande d'où vous venez.

Le gars répond au téléphone. Son interlocuteur lui demande :

— Est-ce que c'est le 666-6666 ?
— Oui !
— Mon doigt est pogné, pourriez-vous appeler le 911 !

Un jeune couple a un problème. Elle ne veut pas le marier quand il est paqueté puis lui ne veut pas la marier quand il est à jeun.

Un gars rencontre un vieil ami et lui demande :
— Alors, quoi de neuf ?
— Ma femme me trompe.
— Non, j'ai dit quoi de neuf ?

Ma belle-mère est assez vache ; elle serait aux Indes, elle serait sacrée !

Bulletin de météo le jour de l'Halloween :
Cet après-midi, des vents modérés.
Ce soir, des vents pires (vampires).

Le gars souffre d'alzheimer et de parkinson, des fois il oublie de shaker.

La femme est dans le bureau du docteur, son mari l'attend dans la salle d'attente. Le docteur dit à la dame :
— Votre mari a le cœur très faible, le moindre choc pourrait le tuer !

La femme ouvre la porte de la salle d'attente et elle crie :
— BEU ! ! ! !

Il faut dire :
Les mules aiment les pâtes.
et non :
Les mâles aiment les putes.

Pourquoi est-ce qu'un lavoir n'est pas un bon endroit pour rencontrer une femme ?

Parce qu'une femme qui n'a pas les moyens d'avoir une laveuse n'a certainement pas les moyens de vous faire vivre.

Le gars arrive au «Club House» du club de golf en courant et il dit:

— Je viens de frapper ma femme avec une balle de golf, je pense qu'elle est morte.

On appelle la police, l'ambulance et on se dirige à l'endroit où la femme a été frappée. Le gars explique qu'en frappant son coup de départ, sa femme était trop proche et qu'elle a reçu la balle sur la tempe. Effectivement, on examine la dame et on voit nettement sur sa tempe, une marque de balle. On en conclut à un accident. Mais en examinant une deuxième fois, le policier remarque une deuxième marque de balle dans le cou. Il demande au mari:

— Qu'est-ce que c'est que cette marque dans le cou?

— Ah ça, c'est mon Mulligan!

Qu'est-ce que le noir a fait après avoir gagné à la loto?

Il s'est acheté une limousine et a engagé un blanc pour s'asseoir en arrière.

Qu'est-ce qui est brun et qui a des trous dedans?
De la merde suisse.

Quelle est la différence entre une épouse catholique et une épouse juive?
L'épouse catholique a de vrais orgasmes et de faux bijoux.

Définition de la retraite:
Deux fois plus de mari pour deux fois moins de paye.

Connaissez-vous le Père Noël juif?
La veille de Noël, il descend par la cheminée et dit:
«Ho! Ho! Ho! Est-ce qui en a qui veulent acheter des cadeaux?»

Comment savez-vous que vous êtes dans un quartier violent?

L'église a un bouncer (videur).

Savez-vous comment faire dire «bâtard» à une charmante vieille dame?

Demandez à une autre charmante vieille dame de crier «bingo!»

Il faut dire:

Rien de plus triste qu'une crème de carottes.
et non:
Rien de plus triste qu'une crotte de carême.

Le mari dit au docteur :

— Ma femme souffre d'Alzheimer ou du sida. Je ne sais pas laquelle des deux. Qu'est-ce que je dois faire ?

Le docteur répond :

— Emmène-la loin dans le bois et laisse-la là. Si elle retrouve son chemin, baise-la pas !

Quelle est la saveur de crème glacée préférée des lesbiennes ?

Sardines.

Pourquoi est-ce qu'il faut être très gentil avec ses enfants ?

Parce que ce sont eux qui vont choisir votre centre d'accueil.

Voici quelques phrases que vous n'entendrez jamais un homme dire :

— Tiens chérie, prends la télécommande.

— Pendant que je suis debout, est-ce que je peux t'apporter quelque chose ?

— C'est une belle fille, mais ses seins sont un peu trop gros.

— Laisse faire le hockey du samedi ; si tu veux, on va juste parler.

Maintenant, voici quelques phrases que vous n'entendrez jamais d'une femme :

— Ce diamant est vraiment trop gros.

— Mon chéri, est-ce que cette robe-là me fait paraître le derrière trop petit.

— Tu n'as pas besoin de t'arrêter pour demander ton chemin, je suis certaine que tu vas le trouver tout seul.

— Je m'en fiche si c'est en vente, 300 $ c'est vraiment trop cher pour une robe de couturier.

Un enfant est né d'un père voyeur et d'une mère exhibitionniste. L'enfant est normal, mais il passe son temps à se la regarder.

Quelle différence y a-t-il entre une maison de la culture et une maison de débauche?

Dans une maison de débauche, il y a du monde...

Qu'y a-t-il de plus frustrant pour un comptable?

C'est de trouver le quart (corps) d'un tiers sur sa moitié.

Conjugaison du verbe de la phrase:
J'ai un poêle à mazout
Tu as un poêle à tazout
Il a un poêle à sazout
Nous avons un poêle à notrezout
Vous avez un poêle à votrezout
Ils ont un poêle à leurzout.

Les hôpitaux ont décidé d'imiter les restaurants. Au lieu d'apporter notre vin, on apporte notre lit!

Le comble de la surprise:
 Un sourd-muet qui parle dans son sommeil.

À l'offre de la semaine de quatre jours, les fonctionnaires ont voté «Non»; le syndicat refusait de faire travailler ses employés une journée de plus.

Urètre, est-ce que ça s'écrit avec un accent circoncis?

Pourquoi les jambes des hommes sont-elles arquées?
Parce que tout ce qu'il y a d'important est entre paren-
thèses.

Mettre de la couleur dans vos repas :
Un verre de vin <u>blanc</u> avec
une salade <u>verte</u>,
des olives <u>noires</u>,
un sandwich au poulet, viande <u>brune</u>
avec des piments <u>rouges</u>,
et des fèves <u>jaunes</u>.
Et pour dessert, des pamplemousses <u>roses</u>,
un jello <u>orange</u>,
un <u>chocolat</u> chaud avec
de la <u>crème</u> glacée.

Même si une fille a les jambes comme une pince à
glace, ça veut pas dire qu'elle est froide.

Mon mari a la maladie du cap Canaveral : il a de la misère à faire monter sa fusée.

L'homme, à une jeune fille :
— Est-ce qu'il vous arrive de faire l'amour ?
— Ça, c'est de mes affaires !
— Justement, si on parlait d'affaires.

Connais-tu l'Indien tapette ?
Il revenait toujours avec des scalps avec des poignées.

Qu'y a-t-il de commun entre un cube Rubik et un pénis ?
Plus tu joues avec, plus c'est dur.

Le gars arrive à trois heures du matin ; sa femme lui demande :

— D'où tu viens, mon superman ?

— J'ai rencontré un client puis avec lui j'ai travaillé tard au bureau.

— Je comprends, mais qu'est-ce que tu as fait après, mon superman ?

— Après, je l'ai amené manger.

— Je comprends, mon superman, mais... il est trois heures du matin !

— Oui, c'est parce qu'après, il a voulu aller prendre un digestif puis il a fallu que je l'accompagne.

— Bon, c'est bien correct, mon superman.

— Veux-tu bien me dire pourquoi tu m'appelles superman ?

— Parce qu'il n'y a rien que Superman qui met ses bobettes par-dessus ses culottes !

La mère allumette dit à ses deux enfants :

— Vous pouvez aller jouer mais grattez-vous pas la tête !

Connais-tu l'histoire de la poule nymphomane?
Elle est passée du coq à l'âne.

Un macho vient de se marier. Aussitôt entré dans la maison, il décide de donner les règlements à sa nouvelle femme:

— D'abord, je veux que tu comprennes bien quelque chose. Moi, le lundi, je joue au billard avec mes chums, on prend une couple de bières, on mange ensemble, j'entre vers minuit. Je ne veux pas t'entendre chialer là-dessus. Le mercredi, je joue au hockey à 8 h. En sortant du bureau, je m'en vais directement là. Après, avec la gang, on va aux danseuses. Je reviens vers 1 h du matin. C'est pas parce que je suis marié que je vais changer ça. Le vendredi avec les boys, on joue au golf en fin d'après-midi; ensuite, on va manger puis je reviens à la maison vers minuit. J'espère que tu n'as rien à redire là-dessus.

Sa nouvelle femme le regarde calmement et lui dit:

— Écoute-moi bien chéri, moi je n'ai rien qu'un règlement: ici, à la maison, on baise tous les soirs à 7 h 30. Que tu sois là ou pas!

Le gars est tanné de sa femme, il la met à la porte. Sa femme commence à faire ses valises et lui dit :

— Je me demande bien comment tu vas t'organiser, mon traîneux. Comment tu vas t'arranger avec le lavage, le ménage, le repassage ?

— Inquiète-toi pas, je vais te laisser une clé.

La femme promène ses deux chiens. Elle dit au petit garçon dans la rue :

— Est-ce que tu veux flatter mes deux saint-bernard ?

— Oui, mais moi c'est pas Bernard, c'est André mon nom.

Un bonhomme avec un bon gros ventre à la taverne. Un gars s'approche de lui, lui met la main sur la bedaine et lui demande :

— C'es-tu de la Molson ou de la Labatt qu'il y a là-dedans ?

— J'le sais pas, mais si tu veux y goûter, le robinet est en dessous !

Les passagers sont assis dans l'avion, ils attendent le décollage. Ils voient arriver deux hommes en uniforme de pilote. Ils portent tous les deux des lunettes noires. Un des deux tient en laisse un chien d'aveugle, l'autre cherche son chemin à l'aide d'une canne blanche. Ils remontent l'allée, pénètrent finalement dans la cabine de pilotage et referment la porte. Les passagers se regardent, étonnés et inquiets. Quelques instants plus tard, les moteurs se mettent à ronfler, l'avion prend de la vitesse sur la piste, mais ne semble pas pouvoir décoller. Par les hublots, les passagers découvrent avec horreur que l'appareil se dirige vers le lac situé au bout de la piste. Des hurlements s'élèvent et à ce moment-là, l'avion décolle enfin. Dans la cabine de pilotage, le pilote tâte le tableau de bord, trouve le bouton du pilotage automatique, le met en fonction et dit au copilote :

— Tu sais ce qui me fait peur, c'est qu'un jour ils crient trop tard.

Le gars est tellement riche qu'il va au ciné-parc en taxi.

Un homme arrive chez lui à 3 h du matin complètement saoul. Le lendemain matin, il se réveille avec un
mal de tête terrible. Sa femme est déjà partie travailler.
Il va dans la salle de bain. Sur le comptoir, il trouve
2 tylenols et une note qui dit : « Mon chéri voici
2 tylenols pour ton gros mal de tête. Ton déjeuner t'attend dans la cuisine. » L'homme sort de la chambre et
voit la maison, habituellement en désordre, très bien
rangée. Il entre dans la cuisine, la vaisselle est lavée
et son déjeuner est sur le comptoir avec une note :
« Mon chéri, ton déjeuner est prêt, tu n'as qu'à le mettre au micro-ondes, bonne journée. Je t'aime. » Il
demande à son fils qui déjeunait dans la cuisine :

— Veux-tu bien me dire ce qui s'est passé hier soir ?

— Tu es rentré à 3 h du matin et tu étais saoul.

— Et puis après ?

— Après tu as vomi sur maman et partout dans ta
chambre...

— Comment se fait-il que ta mère ne m'ait pas tué ?

— Parce que, quand elle a voulu te déshabiller, tu lui
as dit : « Lâchez-moi Madame, je suis un homme marié
et fidèle ! »

Premier gars :
— Si je couche avec ta femme, est-ce qu'on va être des ennemis ?
— Non !
— Si je couche avec ta femme, est-ce qu'on va être des amis ?
— Non !
— Si je couche avec ta femme, qu'est-ce qu'on va être ?
— On va être quittes !

George W. Bush a tellement de problèmes qu'il a l'intention d'ouvrir une ambassade à Lourdes.

L'autre jour, au coin de Saint-Laurent et Sainte-Catherine, une fille me demande :
— Voulez-vous avoir du fun ?
— J'ai dit « oui ». Elle m'a vendu un livre de gags de Gilles Latulippe.

La femme à la banque dit au caissier :
— Je voudrais ouvrir un compte conjoint.
— Avec votre mari ?
— Pantoute, avec un gars qui a de l'argent !

Le vieil homme :
— À mon âge, je fais toujours l'amour avec deux filles.
Comme ça, si je m'endors, elles peuvent jaser ensemble.

Le play-boy va toujours au ciné-parc avec deux filles...
au cas où une des deux voudrait regarder le film.

Le chien, sans sa queue, ne peut pas exprimer sa joie.
L'homme non plus !

L'homme à la femme :
— C'est pas croyable comment l'alcool peut t'embellir.
— Mais j'ai pas pris un coup !
— Non, mais moi j'en ai pris !

Si vous êtes paquetés puis que ça va vous coûter 40 $ de taxi pour rentrer à la maison, pensez-y deux fois. Pour 10 $ de plus, vous pouvez avoir une remorqueuse puis le lendemain matin, votre auto est à la porte !

Saviez-vous qu'une porte peut donner des fruits.
Mon frère en a reçu une dans le front puis il a eu une prune !

Le Canadien et l'Américain parlent de recyclage.

Un Canadien prend son déjeuner (café, croissants, pain de blé entier, confiture) dans un restaurant quand un gros Américain, mâchant sa gomme balloune vient s'asseoir près de lui et lui dit :

— Vous autres au Canada, mangez-vous le pain de blé entier au complet ?

— Bien sûr !

— (Après avoir soufflé dans sa gomme balloune) Pas nous autres. Aux États, on mange rien que la mie. Mais on récupère les croûtes dans un conteneur, on les recycle, on les transforme en croissants puis on les revend aux Canadiens.

Avec un petit sourire en coin, le Canadien écoute en silence. L'Américain :

— Mangez-vous de la confiture avec votre pain ?

— Évidemment.

— (Tout en mâchant sa gomme balloune et en se moquant du Canadien) Pas nous autres. Aux États, on mange des fruits frais au déjeuner. Ensuite avec les pelures et les graines qu'on met dans un conteneur, on les recycle, on les transforme en confiture et on vend ça aux Canadiens.

Le Canadien lui demande :

— Baisez-vous aux États ?

— Bien oui !

— Qu'est-ce que vous faites avec les condoms après les avoir utilisés ?

— (Tout en mâchant sa gomme balloune) On les jette dans la toilette évidemment.

— Pas nous autres. Au Canada, on les met dans un gros conteneur, on les recycle, on en fait de la gomme balloune puis on la vend aux Américains !

La petite fille à l'enseignante :

— Madame, j'ai quelque chose à vous dire, mais ça me gêne…

— Gêne-toi pas, viens me le dire dans l'oreille comme un secret.

La petite fille s'approche, se colle la tête sur l'enseignante et lui dit :

— J'ai des poux !

Pourquoi n'y a-t-il pas de nourriture pour chat qui goûte la souris ?

Un aveugle qui prédit l'avenir est-il un voyant ?

AMOS DARAGON
VOYAGE AUX ENFERS

PLUS DE
300 000 EXEMPLAIRES
VENDUS

LES INTOUCHABLES

Si vous demandez au chauffeur de taxi de reculer jusqu'à votre destination, est-ce qu'à l'arrivée il vous doit de l'argent?

Quand quelqu'un porte une perruque, est-ce que ça lui fait plaisir si on lui dit que ça ne se voit pas?

Si tous les chemins mènent à Rome, comment se fait-il qu'on n'y soit pas?

Une danseuse de ballet, doit-elle prendre le métro aux heures de pointe?

En nage synchronisée, si une nageuse se noie, est-ce que les autres se noient aussi?

Petite annonce:
Cherche individu louche pour servir la soupe.

Définition d'un psychiatre:
Un gars qui va dans un bar de danseuses et qui regarde des clients.

Un proverbe dit:
Ne faites jamais l'amour dans votre jardin. L'amour est aveugle mais pas les voisins.

Un aveugle avec son chien arrive à un coin de rue. Le chien arrête, l'aveugle arrête à ses côtés. Pendant qu'ils attendent, le chien lève la patte et fait pipi sur la jambe de l'aveugle ; ça coule même dans ses bottines. À ce moment-là, l'aveugle fouille dans la poche de son manteau, sort un biscuit à chien, se penche et le donne au chien. Un passant qui venait d'assister à la scène n'en revient pas. Il dit à l'aveugle :

— Excusez-moi, mais votre chien vient de faire pipi sur vous puis vous lui donnez un biscuit pour le récompenser. C'est sûr qu'il va recommencer.

— Je le sais, je ne lui donne pas un biscuit pour le récompenser, je lui donne un biscuit pour savoir de quel côté est sa tête pis là j'vais lui donner un coup de pied dans le cul.

Définition d'un compétiteur de taille :

Un gars qui finit premier, troisième et cinquième dans un concours de masturbation.

Inscription sur un chandail de fille :

Tu peux pas être le premier, mais tu peux être le prochain !

Inscription sur un chandail :

La vie est une maladie mortelle transmissible sexuellement.

Un couple entre dans le bureau du dentiste. Aussitôt l'homme dit :

— Je suis pressé, pas de piqûre, pas d'anesthésie locale. Enlevez la dent, faites ça vite puis on n'en parle plus.

Le dentiste le félicite et lui dit :

— C'est rare qu'on voie un homme qui n'a pas peur de se faire arracher une dent. Dites-moi, quelle dent vous fait mal ?

L'homme dit à sa femme :

— Vas-y, montre-lui ta dent.

Un jeune homme fait ses courses dans un supermarché lorsqu'il remarque une vieille dame qui le suit depuis un bon moment. Après avoir choisi ce dont il a besoin, comme il se dirige vers la file d'attente pour passer à la caisse, la vieille sort des rangs, vient le trouver et lui dit :

— Vous avez remarqué que je vous ai regardé à plusieurs reprises. Je ne voulais pas vous gêner, mais vous ressemblez tellement à mon garçon que je n'ai pas vu depuis longtemps.

Le jeune homme lui dit que c'est bien malheureux et la vieille dame poursuit :

— Me rendriez-vous un service ? Ça me ferait tellement plaisir si, au moment où je vais sortir du magasin, vous m'envoyiez la main en disant devant tout le monde : «Au revoir maman !» ; ça me ferait chaud au cœur.

Le jeune homme lui dit qu'il accepte, si ça peut lui faire plaisir. Elle reprend sa place à la caisse et au moment où elle va sortir avec sa commande, le jeune homme, en lui envoyant la main lui dit :

— Au revoir maman !

Après avoir additionné ses achats, la caissière lui dit :

— Ça va vous faire 127,87 $.

— Je ne comprends pas, je n'ai que trois articles !

La caissière lui répond :

— Je comprends, mais votre mère a dit que vous alliez payer pour elle !

Depuis sa sortie du secondaire, Paul passe pratiquement tout son temps étendu sur le divan à regarder les sports et à boire de la bière. Un jour, en s'étirant pour attraper une autre canette, il tombe en bas du sofa sur la tête et on doit le conduire d'urgence à l'hôpital. Après avoir pris des rayons X, le docteur vient voir Paul et lui dit:

— Je regrette, mais j'ai des mauvaises nouvelles pour vous jeune homme. Vos rayons X nous montrent que vous avez brisé une vertèbre dans votre cou et j'ai bien peur que vous ne puissiez plus jamais travailler de votre vie...

— Merci docteur, maintenant, c'est quoi la mauvaise nouvelle?

Deux hommes sont condamnés à mort. Au dernier moment, le gouverneur de la prison leur dit:

— Vous avez droit à une dernière volonté.

Le premier condamné à mort lui dit:

— Avant de mourir, je voudrais entendre une chanson de Paolo Noël.

Le gouverneur acquiesce et demande à l'autre:

— Puis vous, votre dernière volonté, c'est quoi?

Je voudrais passer le premier

S'il était juste un peu plus niaiseux, il faudrait l'arroser deux fois par semaine.

La vie conjugale est pleine d'excitation et de frustration.

La première année du mariage, l'homme parle et la femme écoute.

La deuxième année du mariage, la femme parle et l'homme écoute.

La troisième année de mariage, les deux parlent et les voisins écoutent.

Mesdames, si vous croyez que le chemin le plus rapide pour le cœur d'un homme passe par l'estomac, vous visez trop haut.

Les blondes :

L'avantage d'être marié à une blonde, c'est qu'on peut stationner dans un espace pour handicapé.

La blonde qui a lavé son chat : elle n'a pas encore réussi à enlever tous les poils qu'elle a eus sur la langue.

Les six pires années de la vie d'une blonde : faire son secondaire I.

Vous avez gagné le poids de votre pénis en bonbons. Bravo vous avez gagné une TicTac !

Sais-tu à quoi tu reconnais que tu es atteint de la maladie de la vache folle ?

C'est quand tu commences à tuer des mouches avec ta queue.

Une blonde entre dans un grand magasin. Elle va dans le département des électroménagers ; elle regarde autour, s'approche d'un vendeur et lui dit :

— Je voudrais acheter cette télévision-là.

Le vendeur lui dit :

— Je regrette, mais on ne sert pas les blondes ici.

Elle retourne chez elle enragée. Elle se teint les cheveux en noir, retourne au magasin et dit au même vendeur :

— Je veux acheter cette télévision-là.

Le vendeur lui sert la même réponse :

— Je regrette, mais on ne sert pas les blondes ici.

Elle retourne chez elle enragée et est bien décidée à prendre les grands moyens. Elle se rase complètement la tête et les sourcils ; rien d'apparent ne laisse voir qu'elle est blonde. Elle retourne au magasin. Elle reparle au même vendeur et lui dit :

— Je veux acheter cette télévision.

Le vendeur lui redit :

— Je regrette, mais on ne sert pas les blondes.

La blonde, hors d'elle-même dit au vendeur :

— Je me suis rasé la tête et les sourcils, comment pouvez-vous me dire que je suis blonde ?

— Madame, la télévision que vous voulez acheter, c'est un micro-ondes !

Un magicien présente son spectacle. On lui demande :
— Quel est votre meilleur tour ?
— Scier une femme en deux.
— Ça fait longtemps que vous faites ça ?
— J'ai commencé quand j'étais jeune, je pratiquais sur mes sœurs.
— Étiez-vous une grosse famille ?
— Oui, j'ai huit demi-sœurs.

La différence entre un fonctionnaire et un chômeur ?
Le chômeur a déjà travaillé.

Il existe cinq tailles de condoms :
Petit, moyen, grand, extra grand et extra extra grand (note, ce modèle ne se fait pas en blanc).

Pourquoi est-ce que les femmes ne clignent pas des yeux pendant les préliminaires?

Parce qu'elles n'ont pas le temps!

Le vieillard soupire et dit:

— À une époque, j'avais quatre membres souples et un raide; aujourd'hui c'est le contraire.

Trois amis discutent de la réincarnation. Le premier dit:

— Moi, j'aimerais me réincarner en lion, pour être capable de dominer.

Le deuxième:

— Moi, je voudrais me réincarner en chat, pour dormir et me faire caresser tout le temps.

Le troisième:

— Moi, en langoustine, parce que même mort, on continue à te sucer la queue!

La différence entre les Expos de Montréal et une table de billard?

La table de billard n'a que six poches...

Pourquoi, lors du mariage, la femme met-elle une bague au doigt de son mari?

Pour lui donner de la valeur.

La différence entre un homme et un chat?

Aucune, les deux ont peur de l'aspirateur.

Un vieux citron fait l'éducation de son fils:

— Surtout fiston, ne sois jamais pressé!

La femme se rend chez son médecin et lui dit:

— Docteur, mon quatrième mari vient de mourir du tétanos, comme les autres.

— Écoutez madame, je vous conseille de changer de stérilet.

Le gars se réveille après son opération pour l'appendicite. Il constate qu'il a mal à la tête et qu'il a une grosse bosse sur la tête. Quand son médecin passe le voir un peu plus tard, il lui dit:

— Docteur, je ne comprends pas ça. Vous m'avez opéré pour l'appendicite et je me réveille avec une grosse bosse sur la tête. Comment ça se fait?

— Je vais vous expliquer: au milieu de l'opération, on a manqué d'anesthésie!

Dans chaque église, il y a toujours quelque chose qui cloche.

Le gars revient à la maison après être allé chez son médecin. Sa femme, le voyant arriver, lui dit :

— Tu as l'air inquiet, qu'est-ce qu'il t'a dit ?

— Le docteur m'a dit qu'il fallait que je prenne une pilule par jour jusqu'à ma mort.

— C'est pas si épouvantable que ça une pilule par jour !

— Je comprends, mais il m'en a donné juste quatre !

La petite histoire de la médecine :

Docteur j'ai mal à une oreille

2000 av. J.-C. — Mangez cette racine, c'est un produit naturel ;

1000 av. J.-C. — Dites une prière ;

1850 ap. J.-C. — La prière c'est une superstition, prenez cette potion ;

1940 ap. J.-C. — Cette potion c'est un remède de bonne femme, prenez cette pilule ;

1985 ap. J.-C. — Cette pilule ne vaut rien, prenez cet antibiotique ;

2000 ap. J.-C. — Cet antibiotique est chimique, prenez des produits naturels.

Le gars vient de s'acheter des bottines en cuir vernis. Elles brillent tellement qu'il peut se faire la barbe dedans. Un soir, il va danser et, en dansant avec la fille, il lui passe son pied entre les jambes, regarde sa bottine et dit à la fille :

— Ah, Mademoiselle, vous portez des petites culottes rouges !

La fille n'en revient pas. Elle retourne avec ses amies de fille et leur dit :

J'ai dansé avec le gars et il m'a dit que je portais des petites culottes rouges.

Une de ses amies décide d'aller danser avec le gars. Même manège : le gars passe son pied entre les jambes de la fille et lui dit :

— Ah mademoiselle, je vois que vous portez des petites culottes blanches.

La fille, surprise, retourne voir ses amies et leur dit :

— Je n'en reviens pas, il m'a dit que je portais des petites culottes blanches !

Alors, une autre fille leur dit :

— Ça ne se peut pas !

Elle enlève ses petites culottes, les met dans sa sacoche et va danser avec le gars. Même manège : le gars passe son pied entre les jambes de la fille ; il regarde deux trois fois mais ne dit rien. La fille lui demande :

— Alors, quelle couleur mes petites culottes ?

— C'est bête, je ne peux pas le dire, je suis bien embêté.

— Je vous ai joué un tour, je n'en porte pas.

— J'suis bien content d'apprendre ça ; j'ai eu peur : j'pensais que j'avais fendu mes bottines !

La fille dit à sa mère :

— Maman, j'ai un problème. Je me marie demain, je ne suis pas vierge et mon futur mari ne le sait pas.

Sa mère lui répond :

— Ce n'est pas grave, fais-lui le même truc que j'ai fait à ton père. Tu te mets un élastique autour de la cuisse puis au moment fatidique, tu fais péter l'élastique. Il va dire «Qu'est-ce que c'est ça ?» puis tu vas lui répondre que c'est ta virginité qui vient de péter !

Elle suit les conseils de sa mère et le lendemain, le mari, transportant sa femme dans ses bras, entre dans la chambre d'hôtel, étend sa femme dans le lit et commence à lui prouver son amour. Soudainement, suivant les conseils de sa mère, la nouvelle mariée pogne l'élastique et le fait péter sur sa cuisse. Le jeune marié dit :

— Qu'est-ce que c'est ça ?

— C'est ma virginité qui vient de péter.

— Fais-la péter encore une fois parce que j'ai les bijoux de famille pognés dedans !

Devant le palais de Buckingham, les gardes qui sont en devoir n'ont pas le droit de bouger. Pourtant, il y en a un qui a bougé. Il doit donc parader devant le capitaine des gardes. Le capitaine lui dit :

— Vous avez bougé, avez-vous une bonne explication ?

— Oui mon capitaine, à un moment, un écureuil est entré dans ma jambe gauche de pantalon.

— Ce n'est pas une raison pour bouger.

— Je n'ai pas bougé pour ça. Un petit peu plus tard, il y a un autre écureuil qui est entré dans ma jambe droite de pantalon.

— Ce n'est pas une raison pour bouger ça non plus !

— Non, ce n'est pas pour ça que j'ai bougé. Là, un écureuil a dit à l'autre : «As-tu vu les belles noix ?»

— Ce n'est pas une raison pour bouger !

— Ce n'est pas là que j'ai bougé non plus. C'est quand un écureuil a dit à l'autre : «On les apporte-tu ou on les mange ici ?»

Quel est le point commun entre une femme et des chaussures ?

Les deux se font mettre par des pieds.

Quelle est la différence entre un homme et une grenouille ?

«GRE» !

Où se trouve la plus petite prison du monde ?

Dans le cerveau d'un homme, il n'y a qu'une seule cellule.

Quel est le point commun entre un homme et la lettre «Q» ?

Ce sont tous les deux des «zéros» avec une petite queue !

Comment une femme sait-elle que son mari est mort ?

C'est elle qui a la télécommande.

Une hôtesse de l'air dit à sa collègue:
— Va voir à la queue de l'avion s'il y a de nouvelles têtes, pendant ce temps-là, je fais le contraire.

Dictons:

Neige en novembre. Noël en décembre.
Fellation du matin. Repos du vagin.
On ne fait pas d'aveugles sans casser des yeux.
Quéquette en décembre. Baptême en septembre.
Qui persévère. N'ira pas à la pêche.
Qui pisse loin. Ménage ses chaussures
Si la tour du stade olympique penche sur ta gauche,
    c'est qu'il va pleuvoir
Si elle penche vers ta droite, c'est que tu es de l'autre
    côté.
Sodomie du soir. Repos de la mâchoire.

La différence entre un léopard, une laitue et une belle-mère :

Le léopard est tacheté dans le dos.
La laitue est achetée au marché
La belle-mère est à jeter par la fenêtre !

Un homme est chez son médecin, il lui dit :
— Merci docteur, j'espère que mon rhume va guérir…. Oh, en passant, pendant que je suis là, j'ai un ami à moi qui est très inquiet ; il a couché avec une fille qui avait une MTS, qu'est-ce qu'il faut qu'il fasse ?
Le docteur :
— Déshabillez-vous et montrez-moi votre ami…

Pourquoi les fonctionnaires n'attrapent pas le sida ?
Parce qu'il y en a 50 % qui sont des crosseurs pis l'autre 50 % c'est des lèche-cul.

Le bateau est en train de couler, c'est la panique à bord. Tous les canots de sauvetage sont remplis, mais il reste malheureusement des passagers à bord, ils s'attendent à mourir. Une femme crie :

— Si je dois mourir, je veux qu'un homme puisse une dernière fois me faire sentir femme. Y a-t-il un homme à bord pour me faire sentir femme ?

Un beau mâle s'approche de la femme en souriant. Il enlève sa chemise, la lui tend et lui dit :

— Tiens, repasse-moi ça !

Pourquoi a-t-on prévu de faire des trous dans le cercueil de Georges W. Bush ?

Pour permettre aux vers de vomir.

Quelle est la différence entre une brosse à dents et une blonde ?

Une brosse à dents, ça ne se prête pas.

Quelle est la différence entre un chalet à la montagne et un «69»?

La vue.

Quelle est la différence entre séduire et violer?

Un peu de patience.

Quelle est la différence entre la télécommande de la télévision et le point G?

Un homme peut passer la journée à chercher la télécommande.

Quel est le point commun entre un chercheur et un ga_?

Tous les deux secouent leur petit tamis. Le premier de gauche à droite et l'autre d'avant en arrière.

Le pharmacien, à son employé :

— Coudon toi, madame Bibeau veut avoir des excuses.

L'employé répond :

— Elle veut avoir des excuses ?

— Oui. Elle me dit que t'aurais été vulgaire à son égard.

— Moi, vulgaire ? Ben non. Je lui ai juste dit comment prendre ses remèdes.

— Explique-moi donc un peu ce qui est arrivé.

— Je vais vous expliquer. Vous savez qu'hier, c'était à mon tour d'ouvrir la pharmacie. J'ai couru comme un maudit pour être à l'heure. En courant sur la rue, j'ai glissé sur quelque chose de gluant pis en tombant, je me suis râpé les deux coudes sans compter que je me suis fait mal au genou pis que j'ai déchiré mes pantalons. J'étais pas ben ben content... En arrivant à la pharmacie, je me suis aperçu que j'avais pu mes clés. J'avais dû les perdre en tombant. Ça fait que, pour entrer, j'ai été obligé de casser une vitre en bas dans le sous-sol. Mais, en cassant la vitre, je me suis coupé la main. J'étais pas de bonne humeur, surtout qu'en passant par le soupirail, j'avais déchiré mon beau gilet neuf.

Le pharmacien :

— T'aurais pas pu m'attendre ?

— Ben non. Je me dépêchais parce que le téléphone

arrêtait pas de sonner. Tout en tendant le bras pour prendre le téléphone, je m'étire pour ramasser un linge pour éponger le sang que j'avais sur la main. Là, je me donne un tour de reins pis en me retournant pour décrocher le maudit téléphone, je m'enfarge dans une boîte que vous aviez laissée là, pis en tombant, je me pète les babines sur le bord du comptoir. Ça fait que, quand j'ai pris le téléphone, j'étais pas de bonne humeur. C'est là que la maudite cliente m'a demandé : «Qu'est-ce que je fais avec mon suppositoire ?» Ben, j'y ai dit, c'est toute !

Oh, Georges, je ne veux pas qu'on stationne ici.
Oh, Georges, je ne veux pas qu'on stationne
Oh, Georges, je ne veux pas
Oh, Georges, je ne veux
Oh, Georges, je
Oh, Georges
Oh !

À propos d'une prostituée :
Si toutes les quéquettes qui lui sont rentrées dans le corps lui ressortaient par les pores de la peau, elle aurait l'air d'un porc-épic.

Un gars en se réveillant après une fin de semaine de bambochage dit : «J'ai la langue épaisse comme un tapis de bordel un lundi matin!»

Le pêcheur pas chanceux pêche depuis deux heures sans rien attraper. Il observe près de lui un Indien qui sort des poissons à un rythme extraordinaire. Il remarque la technique de l'Indien, technique bien particulière : l'Indien trempe son doigt dans la rivière, tout de suite un poisson lui mord le doigt et il le sort de l'eau aussitôt. Notre pêcheur décide de faire pareil. Il met discrètement son doigt à l'eau, mais rien ne se produit. Intrigué, il demande à l'Indien comment il fait. L'Indien lui répond que c'est la pêche indienne :

— Quand soleil se lever, toi tremper doigt dans sexe de femme. Toi attraper poissons.

Le lendemain matin, notre pêcheur se lève de bonne heure pour aller à la pêche. Sa femme est déjà levée, en train de laver la vaisselle de la veille. Alors qu'elle a le dos tourné, il en profite pour retrousser sa robe et glisser un doigt dans son sexe. Aussitôt, il entend sa femme dire :

— Bonne pêche l'Indien, à demain.

Un marin revient chez lui après plusieurs mois passés en mer. Il entre dans sa chambre ; sa femme dort encore. Alors, dans l'obscurité, il se glisse dans le lit et fait l'amour à sa femme. Ensuite, il se lève et descend à la cuisine. À son grand étonnement, il découvre sa femme en train de déjeuner.

Elle, toute surprise :

— Comment, tu es revenu ?

— Qu'est-ce que tu fais là, on vient de faire l'amour dans la chambre.

— Quoi, c'est ma mère qui est installée dans notre chambre depuis que tu es parti !

— Hein ?

— T'as fait l'amour avec maman !

La femme monte en courant et demande à sa mère :

— Pourquoi est-ce que tu n'as rien dit ?

— T'es malade, tu le sais que ça fait 20 ans que ne lui parle pas à cet écœurant-là !

Le type de femme que préfèrent les différents corps de métier :

Un déménageur :
Avec une femme qui s'emballe vite et qui se pacte facilement.

Un facteur :
Avec une femme de lettres, timbrée et qui l'enveloppe d'affection, autrement dit, une femme affranchie, mais qui n'est pas collante.

Un gambler :
Avec une femme straight qui aime les foules, qui ne triche pas et qui a de gros atouts.

Un représentant de Loto-Québec :
Avec une femme super, qui lui prête loto, mais qui n'a pas de gratteux.

Un Indien :
S'attribue plusieurs femmes qui ont plusieurs cordes à leur arc.

Un éleveur de porc :
Avec la femme d'autruie, un peu cochonne.

Un pêcheur :
Avec une femme qui a des vers, instruite et qui hameçon mari.

Un plombier :
Sort en général avec une femme qui porte de belles toilettes quoiqu'à lavabo être une bol (vous voyez que tout s'enchaîne).

Un chasseur :
Avec une femme qui a un bec de lièvre, ou une face de beu ou une tête de cochon ou même une cervelle d'oiseau.

Un serveur dans une brasserie :
Avec une femme légère, péteuse de broue et dont les seins quantent.

Poli:

Il dit s'il vous plaît quand il vous demande de lui apporter une bière.

Capable d'écoute:

Capable de ne pas prononcer une seule parole pendant deux jours.

Apprenez le japonais:

1)	Photographe:	Yakapa bougé
2)	Homme marié:	Tefoutu
3)	Homme trompé:	Tekoku
4)	Homme divorcé:	Tanana Takité
5)	Homme enragé:	Yétisoté
6)	Homme enragé noir:	Yékomfou
7)	Minijupe:	Yta Touvu
8)	Préliminaires:	Tâ-katâté
9)	Moto en panne:	Yamamoto Kadérapé
10)	Marteau:	Garamédua
11)	Reins:	Oraduku
12)	Odeur nauséabonde:	Kiapété
13)	Soixante-neuf:	Kisuski
14)	Déshabille-toi:	Takatoutoté
15)	Pigeon:	Ytchidsu
16)	Humoriste:	Nostidfou
17)	Dentiste:	Yotétakari
18)	Danseur:	Yétitounu
19)	Voleur:	Yamamoné
20)	Ennuyant:	Takazapé

Les deux commères, Mme Chose et Mme Unetelle :

Le vaccin contre la grippe

Mme Unetelle :
– Où est-ce que vous allez Mme Chose ?
Mme Chose répond :
– Je m'en vais voir mon médecin pour me faire donner un vaccin contre la grippe.
– Vous allez pas vous faire piquer contre la grippe ?
– Oui.
– Allez jamais faire ça, Mme Chose. Y a rien de pire qu'une inoculation.
– Au contraire, je pense que c'est encore le meilleur moyen pour éviter d'attraper la grippe. Ça ne prend que deux minutes. C'est vraiment une affaire de rien.
– Une affaire de rien ? Attendez, Mme Chose, que je vous raconte ce qui m'est arrivé l'an passé. J'étais justement allée recevoir une piqûre contre la grippe. Ben, la garde-malade s'est servie d'une aiguille sale. Ça fait qu'elle m'a empoisonnée. Là, le docteur a été obligé de me donner de la pisseàcéline, mais, comme j'étais allergique pis qu'on le savait pas, j'ai fait une réaction doublée d'une urticaire. Alors le docteur m'a donné tout de suite un antihista-minisse. Ça m'a fait du bien, mais ça m'a étourdie… tellement que, en m'en retournant chez nous, j'ai eu un accident d'auto : deux côtes enfoncées, le bras droit cassé, le rinqué dérinché. Là, y m'ont mise dans le plâtre. Comme je souffrais le martyre, le docteur m'a donné du Demerol.

Ça m'a donné des nausées. Alors, y m'a fait prendre des Gravol. Ça, ça m'a coupé mes nausées... mais ça m'a donné des vomissements pis des étourdissements.

– Vous aviez pas digéré les Gravol, je suppose?

– Non. Pas suppose... suppositoires! Je les avais pris en suppositoires, comme ça, ça s'avale mieux... En tout cas, les vomissements, la transpiration, l'évaporation, tout ça m'avait complètement déshydratée. Alors, on m'a donné du surhomme. Ben, croyez-le ou non, le surhomme a fait monter mon taux de sucre. Là, y ont cru que j'avais le diabète, alors ils m'ont injecté de l'ursuline. Ça fait que, résultat : deux jours dans le coma. Y m'ont donné du sucre. C'était parfait, mais j'avais le sang épais comme du sirop d'arabe. Alors, y m'ont donné une bonne dose d'acide acétylsalicylique.

– Vous voulez dire de l'aspirine!

– Ben oui, c'est-t-y bête, j'suis jamais capable de me rappeler de ce nom-là! Ben, aussi vrai que je vous le dis, Mme Chose, l'aspirine qu'ils m'ont donnée, ça a aggravé l'ulcère que j'avais sur l'estomac pis ça a tourné en hémorragie digestive. Là, y m'ont donné une transfusion d'urgence.

– Ça a dû vous remettre sur le piton, ça?

– Pantoute. J'ai fait une infection du sang, pis une phlébite qui a dégénéré en embolie pulmonaire. Ça fait que j'ai abouti aux soins intensifs. Pendant que j'essayais de me ressaisir sous la tente d'origène, mon ex-mari est venu pis il s'est allumé une cigarette. L'explosion m'a complètement défigurée.

– Ah! c'est ça qui vous est arrivé?

– Comment ça, c'est ça qui m'est arrivé? Qu'est-ce que vous incinérez?

– Je parle… de l'explosion. C'est ce qui est arrivé quand votre ex-mari a allumé sa cigarette… ça a explosé !

– Ben oui. Y ont dû me faire une chirurgie plasticine. En tout cas, après une couple de semaines, ils m'ont donné mon congé. Avant de quitter ma chambre, j'ai décidé de passer par le petit coin. Pendant que j'étais occupée… en tout cas… j'entends quelqu'un parler dans la chambre d'à côté. Je voulais savoir qui c'était. J'ouvre tranquillement la porte pour regarder. Je me penche. Ben, vous le croirez pas, je reçois-t-y pas la porte de la toilette dans la face : trois dents cassées, la mâchoire débarquée, le nez écrasé, les deux yeux enflés pis bouchés. Y m'ont tout de suite réadmise pour un Rayon X en radiologie. Comme je voyais rien, au lieu d'aller en radiologie, je me suis retrouvée en radiothérapie. Là, comme j'avais de la difficulté à parler, on s'est mal compris pis j'ai fini en chimiothérapie… complètement chauve. Là, y m'ont donné un produit pour la repousse des cheveux, mais leur maudit produit m'a donné une dermite. À cause d'une pommade mal appliquée, j'ai pogné une conjectivite, pis le Tétrex qu'y m'ont fait prendre m'a donné le va-vite. Comme, à chaque fois que je sortais de mon lit pour aller au petit coin, je passais dans un courant d'air, ça fait que j'ai attrapé la plus maudite grippe que j'aie jamais eue de ma vie : le cerveau encombré, le nez chargé, les narines bloquées, la gorge enflammée, la voix éraillée… Pis là, vous parlez d'aller vous faire piquer contre la grippe ?

– Vous avez raison. Je pense que la piqûre, chez le docteur, je vais oublier ça.

Lettre d'une mère à son fils
qui fait son service militaire

Baie-Comeau, septembre 1943

Mon cher Serge,

Je prends ma plume pour t'écrire au crayon car le chat a renversé l'encrier. Je t'écris ces quelques mots lentement parce que je sais que tu ne lis pas vite. Depuis que le docteur est venu, on est tous malades. Je te dirai que depuis que tu es parti, on s'aperçoit de l'absence de ta présence. Tâche de faire un bon soldat comme ton père qui a eu quatre blessures : une à Madagascar, l'autre à la fesse, une à l'improviste et la dernière à bout portant.

Je t'annonce le mariage de ton oncle Raymond avec cette dame qui nous a tant fait rire à l'enterrement de ta cousine.

Ton oncle Jean-Marie s'est noyé dans un baril de whisky. Quatre de ses chums ont essayé de le sauver, mais ton oncle s'est débattu pas mal. On l'a fait incinérer puis ça a pris trois jours pour éteindre le feu.

On a eu une lettre d'un entrepreneur de pompes funèbres. Il dit que, si on paye pas le dernier paiement de l'enterrement de la grand-mère en dedans de sept jours, il va la déterrer et nous la retourner.

Tu ne reconnaîtras plus la maison lorsque tu viendras; on a déménagé. La partie la plus difficile fut le lit: les déménageurs voulaient pas nous le laisser embarquer dans le taxi. Ça aurait été moins pire si ton père n'avait pas été couché dedans à ce moment là.

Je me suis fait enlever l'appendicite et je me suis fait poser une laveuse à vaisselle. Il y avait une machine à laver dans la nouvelle maison. Quand on est arrivés, elle ne marchait pas bien. Lundi passé, j'ai mis cinq chemises dedans et j'ai tiré la chaîne; on n'a pu jamais revu les chemises.

Fais bien attention, les cochons crèvent tous en ce moment. Il y aura fête au village et il y aura une course d'ânes. M. le curé regrette que tu ne sois pas là, il est sûr que tu l'aurais gagnée. Si tes chaussons sont brisés, envoie-moi les trous que je les raccommode.

Je t'envoie des chemises neuves que j'ai faites dans les vieux pantalons de ton père. Quand elles seront usées, renvoie-moi-les que j'en fasse des neuves à ta sœur. Le vétérinaire est venu soigner les maladies des bêtes à cornes: taureaux, vaches, escargots. Il en a profité pour soigner ton père. Ton père a une nouvelle job avec 500 personnes en dessous de lui: il tond le gazon au cimetière.

Ton père a pas bu grand-chose durant le temps des fêtes. J'ai mis de l'huile de castor dans sa bière. Ça l'a tenu occupé jusqu'au jour de l'An.

Ta sœur Josée a eu un bébé à matin. Je ne sais pas encore si c'est un petit garçon ou une petite fille, ça fait que je ne peux pas encore te dire si t'es mon oncle ou ma tante.

À part ça, il n'y a rien de nouveau, si ce n'est que la vache a eu son veau. Le petit va toujours à l'école. Si t'as pas le temps de m'écrire, écris-moi pour me le dire. Ne fais pas d'imprudence et, si tu tombes malade, viens mourir ici ; ça me fera bien plaisir.

Ta mère qui pense à toi quand elle tire les vaches.

Nicole

P.-S. J'étais pour t'envoyer 10 $
mais l'enveloppe était déjà cachetée.

LES DIFFÉRENTES ÉTAPES DE LA VIE D'UN HOMME

Âge | **Boisson**
17 | Cooler
25 | Bière
35 | Vodka
48 | Double vodka
70 | Maalox

Âge | **Argument de séduction**
17 | Mes parents sont partis pour la fin de semaine.
25 | Ma blonde est partie pour la fin de semaine.
35 | Ma fiancée est partie pour la fin de semaine.
48 | Ma femme est partie pour la fin de semaine.
70 | Ma deuxième femme est morte.

Âge | **Sport préféré**
17 | Sexe
25 | Sexe
35 | Sexe
48 | Sexe
70 | Sieste

Âge	**Définition d'une soirée réussie**
17	Frencher
25	Déjeuner
35	Elle n'a pas insisté pour présenter ses enfants.
48	Il n'a pas eu besoin de lui dire que sa femme ne le comprend pas.
70	Il est revenu vivant à la maison

Âge	**Fantasme favori**
17	La faire dire «oui»
25	Faire l'amour en avion
35	Ménage à trois
48	Sadomaso
70	Espérer écouter *Bleu Nuit* jusqu'au bout

Âge	**Âge idéal pour se marier**
17	25
25	35
35	48
48	70
70	17

Âge	**Soirée idéale**
17	Programme double de la Guerre des étoiles au ciné-parc
25	Diviser l'addition avant de revenir chez soi
35	Elle vient à la maison.
48	Elle vient à la maison et fait le repas.
70	Faire l'amour dans le jet de la compagnie en route pour Las Vegas

Les différentes étapes de la vie d'une femme

Âge	Boisson
17	Coolers
25	Vin blanc
35	Vin rouge
48	Dom Pérignon
70	Ensure

Âge	Excuses pour refuser un rendez-vous
17	Je dois me laver les cheveux.
25	Je dois laver et conditionner mes cheveux.
35	Je dois teindre mes cheveux.
48	Je dois voir mon coiffeur pour colorer mes cheveux.
70	Je dois voir mon coiffeur pour teindre ma perruque.

Âge	Sport préféré
17	Magasiner
25	Magasiner
35	Magasiner
48	Magasiner
70	Magasiner

Âge	Définition d'une soirée réussie
17	Burger King
25	être invitée au restaurant
35	Un diamant
48	Un plus gros diamant
70	Passer une soirée tranquille toute seule à la maison

Âge	Fantasme favori
17	Rencontrer un beau grand brun
25	Rencontrer un beau grand brun riche
35	Rencontrer un beau grand brun riche et intelligent
48	Rencontrer un homme avec des cheveux
70	Rencontrer un homme

Âge	Âge idéal pour se marier
17	17
25	25
35	35
48	48
70	70

Âge	Compagnon idéal
17	Il offre de payer.
25	Il paye.
35	Il fait le déjeuner le lendemain matin.
48	Il fait le déjeuner le lendemain matin pour les enfants.
70	Il peut mastiquer son déjeuner.

La vérité des petites annonces :

ANNONCES ÉCRITES PAR DES FEMMES :

Dans la quarantaine :
48 ou 49 ans...

Libérée :
Tout le monde a passé dessus.

Athlétique :
N'a pas de seins.

Recherche la beauté intérieure avant tout :
Laide.

Très belle apparence :
Pas de goût.

Sourire contagieux :
Niaiseuse.

Stable émotionnellement :
Bourrée de Valium.

Douce :
Ennuyante.

Romantique :
Requiert une lumière très tamisée pour bien paraître toute nue.

Proche de la nature :
Ne s'épile pas les aisselles ni les jambes.

Passionnée :
Gueularde.

Poète à ses heures :
Dépressive profonde.

Blonde :
Blonde.

Sensuelle :
Aucune pénétration permise avant deux scotchs.

Poids proportionnel à la taille :
Grosse.

Bien dans sa peau :
Très grosse.

Quelques rondeurs :
Obésité pathologique.

Jeune de cœur :
*Un pied dans la tombe
et l'autre sur une pelure
de banane.*

ANNONCES ÉCRITES PAR DES HOMMES :

Dans la quarantaine :
*55 ans à la recherche
d'une poupoune de 25 ans.*

Sportif :
*Couché sur le divan
et regarde les sports
50 heures par semaine.*

En bonne santé :
*Pète et rote toutes
les 5 minutes*

Athlétique :
*Commence à faire des
pieds d'athlète.*

**Recherche la beauté
intérieure :**
*De grosses touffes de
poils lui sortent du nez et
des oreilles.*

Catholique pratiquant :
Sacre toutes les 5 minutes.

Sens de l'humour :
*Après une dizaine de
bières, se pense bien drôle
quand il essaie d'organi-
ser un concours du plus
long pénis.*

Sensuel :
*Capable de supporter
deux minutes de préli-
minaires avant la péné-
tration.*

Poète à ses heures :
*À déjà écrit des graffitis
dans les toilettes du cégep
il y a 25 ans.*

Émotionnellement stable :
*Aucune condamnation au
cours des deux dernières
années pour violence
familiale.*

La différence :

Un homme à femmes : C'est un séducteur.	**Une femme à hommes :** C'est une pute.
Un entraîneur : C'est un homme qui entraîne une équipe sportive.	**Une entraîneuse :** C'est une pute.
Un professionnel : C'est quelqu'un qui exerce une profession libérale	**Une professionnelle :** C'est une pute.
Un coureur : C'est un homme qui est un bon joggeur.	**Une coureuse :** C'est une pute.
Un rouleur : C'est un grand cycliste.	**Une rouleuse :** C'est une pute.
Un gagnant : C'est un homme qui réussit.	**Une gagneuse :** C'est une pute.
Un masseur : C'est un massothérapeute.	**Une masseuse :** C'est une pute.
Un homme qui fait le trottoir : C'est un paveur.	**Une femme qui fait le trottoir :** C'est une pute.
Un courtisan : C'est un homme qui est proche du roi.	**Une courtisane :** C'est une pute.

Un gars :	Une garce :
C'est un jeune homme	*C'est une pute.*
Un homme public :	**Une femme publique :**
C'est un homme connu.	*C'est une pute.*
Un homme de petite vertu :	**Une femme de petite vertu :**
Cela ne se dit pas sauf pour les avocats.	*C'est une pute*
Un homme facile :	**Une femme facile :**
C'est un homme agréable à vivre.	*C'est une pute.*
Un homme sans moralité :	**Une femme sans moralité :**
C'est un politicien.	*C'est une pute.*